名师名校名校长

凝聚名师共识
回应名师关怀
打造名师品牌
培育名师群体

张明远题

线上翻转 实现有效学习

罗伟杰 著

北京燕山出版社
BEIJING YANSHAN PRESS

图书在版编目（CIP）数据

线上翻转实现有效学习 / 罗伟杰著. —— 北京：北京燕山出版社，2023.6
ISBN 978-7-5402-6829-9

Ⅰ.①线… Ⅱ.①罗… Ⅲ.①课堂教学—网络教学—教学研究 Ⅳ.①G424.21②G434

中国国家版本馆CIP数据核字（2023）第031430号

线上翻转实现有效学习

著　　者	罗伟杰	
责任编辑	满　懿	
出版发行	北京燕山出版社有限公司	
社　　址	北京市西城区椿树街道琉璃厂西街20号	
电　　话	010-65240430	
邮　　编	100052	
印　　刷	北京政采印刷服务有限公司	
经　　销	新华书店	
开　　本	170mm×240mm　16 开	
字　　数	225千字	
印　　张	12.5	
版　　次	2023年6月第1版	
印　　次	2023年6月第1次印刷	
定　　价	58.00元	

前言

FOREWORD

　　2019年，突如其来的新冠疫情暴发给学校线下教育教学带来了真正的前所未有的冲击。就在这样的背景下，在学校里一直若隐若现的线上教学也从幕后走向前台，承担起了学校特殊时期的教育教学重任。由于区域封控或管控措施的执行，各地区师生在防控时居家隔离不能回校，线上教学就成为这一特殊时期学校完成教育教学任务的主要模式。教师与学生相聚于云端课堂，孩子们停课不停学，教育数字化转型的线上教学成为教育信息化进程中一道亮丽的风景线。

　　其实，从2014年起，莞式慕课、微课掌上通等线上资源使用新模式的涌现，标志着东莞教育的信息化发展已经步入了快车道。作为长期在一线教学工作的教师，我真切感受到信息化技术日新月异的发展速度。曾记得2012年我代表东莞市参加全国"英特尔®未来教育"的创新教学大赛，所送作品获得了全国的教学创新大奖。这时信息技术与学科融合的理念是刚刚提出的，特别是融合案例中以生为中心的设计理念能经受起时间的考验，引领着教改发展的潮流，也指引着我不断进行信息化教学的探究。2012—2016年我成为教育部"英特尔®未来教育"项目的主讲培训教师，在东莞地区培训"英特尔®未来教育"项目学科老师有1000多人。2016年东莞市罗伟杰名师工作室成立也是以互联网+创新教学为科研发展目标，工作室的市立项课题"英特尔未来教育模式下的小学数学课堂教学的实效性研究"把教育信息化教学的有效性作为研究的聚焦点，开展线上线下融合的信息技术应用教学有效模式的实践探究，课题的实验成果也获得东莞市教育科研成果奖。

　　历经近十载，无论是教育信息化短视频翻转教学模式，还是纯线上网络教学模式，其效果都应以是否有效解决教学实际问题为最终评判标准。特别是线上教学模式是否有效，更要看线上教学中能否达成教学目标与培养人的核心素养为标准。因为事情不是单一发展的，某段时间学生会因疫情严重而居家隔离进行线上教学，而接着可能管控起到效果且感染人数清零了也就恢复线下教学。在这种不同的教学模式转换过程中，我们也看到孩子们的学习产生各种各样的问题和矛盾。特别是线上教学时所产生的问题更引起我们的关注。经过工作室的老师团队调查了解，究其原因有两点：一是线上孩子的学习方式与线下的不一样，线上课堂难管理、难驾驭；二是线上教学效果不是所设想的那么容易，老师们感觉线上教学时该讲的都已经讲，反馈时效果还是不行。针对老师们发现的问题，我带领工作室全体成员对线上教学进行了大量的实践和理论研究，以合理、科学、正确的翻转课堂策略运用到线上教学中，提炼出"三段四环"的翻转学习模式，提升线上和线下学习的有效性。

泰戈尔曾说过：不要用自己的学识限制孩子，因为他出生在与你不同的时代。线上教学是新事物，更要从孩子的实际出发，做到眼中有生、脑中有线，以学为中心，因人而异、因地制宜地实施深度学习的策略，这样的教学模式才能适应未来世界和教育变化的发展。未来已来，作为已来的人，我时刻在想：我们的教学应该动动"手术"。但"手术"应该在哪里找到突破口，东莞市罗伟杰名师工作室以"线上翻转实现有效教学"为主题开展线上信息化教学有效策略的研究。因工作室的老师在不同工作单位的原因，我们的研究不止于一个学校范围内的课堂教学状况，也总结出多种基于实践的教学策略，以供同行共同探讨和指正。

一人行速，众人行远。工作室的教学研究是众人拾柴火焰高，在三年的研修里，我们曾经为了研究一个课而披星戴月伏案疾笔，也曾经为一个不同的观点而据理力争各不相让。众人的智慧才是真正的大智慧，现谨以我们团队研究的成果献给每一位亲爱的伙伴。我们"乐思精研，智慧同行"的理念与课堂教学研究的行动将永不停息。

罗伟杰

2022年11月8日晚8时于东莞

目 录
CONTENTS

第一篇

翻转课堂实施有效策略

小学数学翻转课堂有效策略的实践研究 …………………… 3

缘起平板翻转教学　聚焦有效策略探究 …………………… 17

翻转让数学学习行为真正发生

　　——翻转课堂"三段四环"教学模式实践探究 …………… 21

翻转复习课运用思维导图的有效研究 …………………… 26

第二篇

基于三段四环的有效翻转策略探究

以学为中心的"四学"线上教学策略探究

　　——构建莞式翻转课堂的"四学"模式案例 …………… 45

互动四环线上翻转的课堂有效策略探究

　　——以数学活动课"我是东莞抗疫数据调查员"为例 ……… 50

基于学情的线上教学重构有效策略探究

　　——以四年级数学下册乘法分配律一课线上教学为例 ……… 56

基于兴趣的教学改进有效策略探究

　　——五年级学生对数学学习兴趣的调查研究 …………… 68

第三篇

小学数学翻转课堂有效策略创新案例

借力"爱学"线上融合策略的案例研究

　　——"图形的旋转"教学实践与思考 …………………… 79

基于线上小组合作学习策略的案例研究

    ——以三年级上册《长方形和正方形》线上教学为例 ………… 84

基于学情的建构抽象思维策略案例研究

    ——以六年级上册《比》教学为例 ……………………… 91

基于"四学"模式多元互动的策略案例研究

    ——以五年级下册"分数与除法"线上教学为例 ………… 101

"三翻二段十环节"模式的有效翻转策略探究

    ——以学为中心的课堂实践为例 ………………………… 107

第四篇
"三段四环"翻转课堂设计与策略运用反思

"小数乘整数"翻转学习设计与策略运用反思 ……………… 113

"积的近似数"翻转学习设计与策略运用反思 ……………… 117

"整数乘法运算定律推广到小数"翻转学习设计与策略运用反思 …… 122

"位置"翻转学习设计与策略运用反思 ……………………… 129

"除数是整数的小数除法"翻转学习设计与策略运用反思 ……… 139

"循环小数"翻转学习设计与策略运用反思 ………………… 145

"用计算器探索规律"翻转学习设计与策略运用反思 ……… 150

"可能性"翻转学习设计与策略运用反思 …………………… 154

"用字母表示数"翻转学习设计与策略运用反思 …………… 158

"方程的意义（一）"翻转学习设计与策略运用反思 ……… 163

"用方程解决问题"翻转学习设计与策略运用反思 ………… 167

"平行四边形的面积"翻转学习设计与策略运用反思 ……… 173

"三角形的面积"翻转学习设计与策略运用反思 …………… 178

"梯形的面积"翻转学习设计与策略运用反思 ……………… 184

"植树问题"翻转学习设计与策略运用反思 ………………… 188

参考文献 ………………………………………………………… 194

第一篇

翻转课堂实施有效策略

翻转课堂是指在教学过程中翻转原来的教学流程，改变传统的教学方式，把"先教后学"翻转为"先学后教"，课堂不再只是传统的教师讲授知识的环节，而是学生学习解惑、明智、拓展的重要过程。翻转课堂在充分利用信息化课堂环境与技术基础上，探索以学为中心的新型课堂。社会发展越来越快，信息与知识更新的速度在不断加快。人们已经意识到，与学习固定的知识相比，学习如何学习更为重要！正如未来学家阿尔文·托夫勒所说："未来的文盲将不是那些不识字的人，而是那些没有学会学习的人。"课堂教学也需要与社会发展相适应的革新，翻转课堂正好掀开了这个变革的序幕，培养会学习的新时代建设者。

　　乘着莞邑大地教改的春风，东莞市罗伟杰名师工作室于2016年开始研究翻转课堂教学。我们认为翻转课堂是信息化课堂发展的产物，需要从根本上摒弃不适应新时代教学发展的教学思维，开发线上线下深度融合连通的立体学习空间。革新传统教学，我们确立了聚焦变化的两大教学思想：变"以教师为中心"为"以学生为中心"，变"面向结果"为"面向过程"。无论是线上教学还是线下教学，都指向我们的教学目标：融合翻转因素，激发学习潜能。因此，东莞市罗伟杰名师工作室打造以"乐·思·悟"为特色的翻转教学，在以学为中心的翻转课堂教学研究活动中实验、总结，也在不断学习、选择与反思。

　　合理有效的翻转策略是教学效果的重要保证，翻转课堂的策略是我们主要研究的"三段四环"教学模式施教所采用的方法，通过实施"课前导学""课中引学""课后辅学"教学三环节实现线上学情分析、深度探究、精准辅导。通过深度教学使翻转课堂的学习成为一种基于理解、追求迁移应用的有意义的学习。它通过促使学生全程参与学习，适性地采用有效学习方略来促进学生高阶思维的发展，实现其个人学习的高质量达成。

小学数学翻转课堂有效策略的实践研究

一、问题的提出

（一）存在的问题

教育信息化已经成为国家教育发展战略方向。自 2016 年起，东莞市智慧课堂线上线下结合的莞式慕课应用也成为国家教育信息化应用的典范。但长期以来，由于受传统教育的影响，我们的学生在受教育过程中学习的自主性、积极性和创造性的培养受到忽视，教学形式化和浅层化普遍存在。在教学中，我们经常会遇到以下几种现象：

现象一：在小学数学教学中，不少学生反映上数学课时非常枯燥，一些老师不考虑学生有没有听懂，还是采用老三样的"多讲""多练""多评"的三多低效教学。

现象二：一些学生反映，现在实际上暗地里的作业多，考试也多，要完成这些作业，每天精神和身体都很累，而且很多作业和考试都是重复无用的。

现象三：许多教师都觉得教育信息化跟自己的教学没有什么关系，只要耕好自己的三分田，成绩不落后，不管外面怎么改革都与自己没有关系，不想去"折腾"了。

现象四：学生因没有事先预习的习惯，课堂学习没能跟上进度，没有掌握好课上的知识，课下又不敢去问老师，导致近年来中下生面有所扩大。

这些现象都有一个共同的特点，那就是学生经历了一个无效超负的教学过程，教学的过程只是形式上的"被学习"，学生没有真正深度参与融入到学习过程中，真正的学习没有发生。

2020 年，新冠疫情使许多学校的教学工作由线下转为线上。在疫情得到了控制的 2020 年下半年，线下教学恢复。由于疫情反复，线上与线下教学结合成为必然的趋势。如何实现线上教学真正意义上的翻转？如何真正实现彻底使线上的深度教学有效实施？东莞市罗伟杰名师工作室从探索英特尔未来教育课程开始，研究线上空间课堂的翻转模式与策略。我们认为那种只是依书直说，没有课本就没办法上课的教学时代已经一去不复返了。"停课不停学，线上深度学"，学习不以空间的变换而停止，也不以时间的变化而停止。以学为中心的线上教学研究正以实效性回击线下教学唯一论，以现代信息化的手段和方式创新深度学习的翻转课堂教学模式的实践探索有重要的理论与实践价值。

（二）需要解决的问题

针对现状的情况，我们主要需要解决的问题归纳起来有以下两个：

（1）如何在疫情下研究出有效的教学设计，实现翻转课堂的深度学习？

（2）如何在疫情下的线上教学中探索有效的翻转课堂教学模式与策略？

二、解决问题的过程与方法

基于创新教学手段和教学方法的探索，我们组建了有丰富经验的课题研究团队，主持人是国家教师培训项目英特尔未来教育的主讲教师，曾获国家英特尔未来教育项目教学创新奖，长期工作在教学一线，致力于教学信息化与学科融合的创新研究。骨干成员均是有"东莞市小学数学教学能手"称号的资深教师，他们中有的获得过广东省小学数学优质课评比一等奖。课题组老师参与慕课创新案例、微课程大赛分获省市一等奖 126 项。本团队在翻转课堂深度教学实验方面均具有扎实的专业知识，有很丰富的教学和科研经验；所撰写的论文视角新颖，具有课堂教学改革创新的意识，为本课题的研究工作提供了基本保障。

（一）解决问题的方法

本研究将以教学实践研究法为主，辅以文献资料法、行动研究法、案例实验法、经验总结法等。①文献资料法。通过查阅文献资料，分析教材及教师用书，用理论指导实践，总结规律并形成体系。②行动研究法。结合学校智慧课堂项目实施"三段四环"翻转课堂模式的课堂实践研究。③案例实验法：积极尝试翻转课堂课例实验，开展"三段四环"模式案例分析、个案研究等活动。④经验总结法：对课题实施过程中的各种情况不断进行阶段性研讨、经验交流总结等活动，对实施过程加以调控，促进课题研究扎实有效地开展。

1. 指向问题的真培训

基于问题：以教学中存在的师资"意识、理念、技能"等实际问题为出发点，以"调查访问—理论引领—培训实验—总结反思"为基本流程，以现实的真问题解决为目的，开展在小学数学高年段翻转课堂教学所需技能和更新理念的培训活动。

形成对策：在调查访问中，我们发现一些教学一线教师只满足于自己主导课堂，只凭感觉或经验而不据实际学情设计教学过程，教学流于形式，效率低下。于是我们组织老师们学习刘加霞教授的《小学数学课堂的有效教学》和王奕标老师的《透视翻转课堂：互联网时代的智慧教育》等书籍，并在2017年上半年学期初与北京四中网校的团队合作组织了多场次翻转课堂理念和爱学派使用的实训活动。指导以学科基础的理论和教育教学方式变革的翻转课堂案例引导实践，充分利用东莞市教育局教学资源平台，借助网络开展教学研究。把创新教学实践经验所得总结成文，汇集了随笔集《小学数学高年段"三段四环"翻转课堂教学模式的教学实践》。

2. 指向翻转模式的真教研

真实学情是教学研究的起点，哪里有问题哪里就有研究。我们的研究以"分析比较—深挖教材—课堂实践—研磨提炼—总结提升"为主线，以实现线上教学实施流程翻转为手段，以强化学生学习素养为目标探索小学数学高年段"三段四环"翻转课堂教学的模式，主要通过主题课例的研究来实现线上翻转的教学优化，以达到促进学生深度学习的效果。

"三段"是源于教学行为过程的真实时段，"四环"是翻转课堂教学的四个环节。每一个时段均设置了四个环节，以达到教与学行为的深度融合。

小学数学高年段"三段四环"翻转课堂教学模式实效性的实践创新模式框架图如下：

"三段四环"创新模式

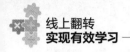
"三段"是指课前、课中和课后三个学习时段有机融合，相互促进，合理衔接，充分发挥"课前导学""课中引学""课后辅学"的功能。

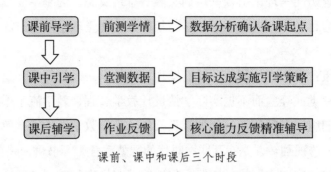

课前、课中和课后三个时段

（1）课前导学：指向学生现实知识能力薄弱点，通过"微课学习、完成导学单、数据分析、二次备课"四个环节了解学情，实现深度备课。

（2）课中引学：指向学习能力及素养目标达成度，通过"目标互知、问题驱动、迁移提升、效果反馈"四个环节拓展高阶思维，实现深度学习。

（3）课后辅学：指向实现分层个性化作业及辅导，通过"作业反馈、分层分析、制定策略、精准辅导"四个环节查漏补缺，实现深度练习。

3. 探索翻转教学的真学习

以"建设资源—建立共享—改善推进—应用推广"为机制，实现实验教师在"三段四环"模式探究中的可持续发展。

采用"课前自学—课中研学—课后练学"的实践研究法，积累实践资源，建立共享平台，完善后进行展示研讨和交流，使"培训—学习—实验—反思—总结—应用"成为常用的研究手段。深度学习源于学情（了解）、源于兴趣（探究）、源于成效（结果），精准分析学情、深度探究活动、有效迁移知识是翻转课堂的最终目标，我们为这样的目标而努力尝试与探索。

6年多的研究与实践特别是以扎实有效的理论与实践相结合的研究，使我们积累了丰富的教育资源，如微课资料、慕课资料、平板教学资料、优秀线上翻转课堂教学案例资料，展示了多节公开课；所撰写的文字资料、展示的观点报告以及积累的录像资源等影响了数量相当多的一批老师，引起了他们对创新传统课堂教学的欲望，提高了他们对翻转课堂教学的认识。同时，我们在实践中不断改进和完善，实现了广大教师"三段四环"翻转课堂模式创新教学的可持续发展。

（二）解决问题的过程

1. 现状调查

为了摸清本地区数学教师对"翻转课堂"与"深度学习"的认识情况，2016 年 11 月，课题研究组设计了问卷对本校数学教师进行问卷调查。通过对本区 385 名数学教师的问卷调查，有 80% 的教师担心实施翻转课堂会对教学成绩有影响，有 65% 的教师认为实施翻转课堂会加重自己的教学负担。但对于经过培训熟悉翻转课堂教学模式是否可以对自己成长有帮助的问题，认同有帮助的教师占了大部分。对于在教学中实施信息化的手段使学习更有效，只有 45.2% 的老师认同，说明还有 54.8% 的教师在翻转课堂教学思想与理念方面没有跟上教育新时代发展的步伐。

2. 理论学习

（1）2016 年开始重新加强对《义务教育数学课程标准（2011 年版）》的学习，聘请国家课标研程标准研制组核心专家朱乐平老师进行课标专题培训，并配以书面考核课标内容的形式，促使教师扎实阅读、认真体验、学习理解《义务教育数学课程标准（2011 年版）》。

（2）关注课改前沿，结合科组给每位教师订阅《小学数学教育》和《小学数学教师》等专业杂志，课题组定期组织阅读，并定期推介优秀的文章。

（3）组织对刘加霞教授著作《小学数学课堂的有效教学》及王奕标老师的《透视翻转课堂：互联网时代的智慧教育》的理论学习，让课题组成员了解有效教学与翻转模式的发展，深入地了解教育信息化与学科教学深度融合的新理念和实验案例。

3. 技能培训

技能培训主要是借力学校平板电脑教学实践及东莞市教育局资源平台使用的培训。东莞市罗伟杰名师工作室从 2016 年至 2020 年每学期都组织平板电脑和东莞市信息化应用平台的使用培训。我们与北京四中网校签订了信息化教学及平台使用培训的协议，进一步借助了北京四中网校专家团队的力量和经验。

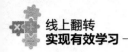
（1）理论与实操技术应用培训：

东 莞 市 罗 伟 杰 名 师 工 作 室

名师工作室〔2016〕12 号

邀 请 函

为了进一步提升教师的信息化应用能力，提高应用效果，更好地开展翻转课堂的教学实验服务。东莞市罗伟杰名师工作室特向北京四中网校信息化授课专家发出邀请，盼北京四中网校专家能莅临我室进行培训指导活动，致谢！

东莞市罗伟杰名师工作室

2016 年 3 月 4 日

2016 年 3 月和 9 月邀请北京四中网校专家到工作室进行培训活动

（2）课例与技术应用案例培训：

2017 年 3 月，工作室沈老师在上课题论证展示平板课

2017 年 10 月，课题主持人罗老师作翻转课堂深度教学专题讲座

4. 教学设计创新

翻转课堂预示着对现有课堂进行改革与创新。我们从教学设计开始进行深度改进，秉持一切以学习者为中心。我们的翻转课堂从学习者学习的内容、目标、特征及学习任务几大项目去设计。这样设计关键目的在于了解和掌握学习者的知、情、意、行，了解学习者的学习内容，更好地利用信息化的工具进行教学。通过分工合作，让课题组成员平时进行翻转课堂教学设计的研究。我们对小学数学高年段教材的知识结构进行分析和筛选，课题成员进行了翻转课堂教学模式设计分工，确立每一册的负责人：五年级上册由沈老师带领团队负责；五年级下册由梁老师带领团队负责；六年级上册由戚老师带领团队负责；六年级下册由诸老师带领团队负责。每册负责人着重解决几个问题：①哪些内容适合进行翻转课堂教学设计？②如何在设计中体现以学为中心的翻转教学理念？

教学设计示例如下：

翻转课堂教学设计示例

课题		教学内容（课名）	
该内容总课时	（共讲 ×× 学时）	翻转课时	（如仅第 × 学时）
一、学习内容分析			
（这个教学内容在整个学期的授课时节，在学科知识中的位置。这堂翻转课教学内容特色难点重点）			
二、学习目标分析			
（只写本堂翻转课的学习目标，怎样判断学生是否达到了目标）			

续 表

课题		教学内容（课名）	
该内容总课时	（共讲 × × 学时）	翻转课时	（如仅第 × 学时）
三、学习者特征分析			
（只写本堂翻转课学生对学习内容的准备情况，及可能出现的问题）			
四、课前任务设计			
（只写本堂翻转课学生课前要做的准备，要完成的任务及计分方式，教师提供的资源内容，至少一个可访问的教学视频的地址）			
五、课上任务设计			
（写出一节课约 40 分钟的教学流程，包括活动序列，每个活动的形式和用时，每个活动所需的资料，对活动成效的评价方式和评价量规，以及应变候选方案）			
六、教学设计反思			
（在此解释设计者对这堂翻转课教学设计的用心之处）			

我们确立教材内容的切入方向，经过多次讨论，最后统一认识：选取各册教材中探究性较为明显的内容，采用翻转课堂的模式进行设计，初步确定了以研究为中心的教学设计模板。

5. 翻转课堂模式的实践探索从模糊到逐步清晰

（1）初探常态课堂：在 2016 年 1 月—7 月，课题组每位成员都深入自己的课堂，对教学的内容进行微调整，微探利用东莞市教育局资源平台向学生推送微课，使学生通过观看微课视频提前学习新课知识，达到提前学习的效果。但问题接踵而至，一部分学生对教师课堂提不起兴趣，他们说教师在课堂上所讲的与微课所讲是一样的，课堂上只是重复一次，觉得没有必要再学一遍。简单的翻转，把课中的内容前置到课前，只是流程的翻转，根本没有深入解决课堂本身存在的问题。

（2）再探实验课堂：2017 年 3 月—7 月，课题组在该学期深入开展课题实验课探究，结合本校数学科组的教研安排，每一位教师都要展示一节或以上的公开课，课题组的成员紧紧围绕自己负责的板块选题、试教，再在全科组内展示。试教时由课题组核心成员的教师一起听课，提出改进意见，然后在科组内展示成果，交流经验。本阶段着重落实以下几个问题：①流程翻转要达到"课中低级认知目标"和"课前高级认知目标"的翻转；②流程的翻转更是"课中培养高层次思维的内容"和"课前低层次思维学习的内容"的翻转。课题组通过课例实证发现，"微课导学—学习单—平台上传"的课前学习有利于教师掌握学生对低阶知识的情况，便于教师的二次备课。设计的课堂包括利于学生高层次思维发展的活动和内容，有助于初步实现学习全过程的三段有效翻转。

综合一学期内开展六节公开课的研究成果探究，在期末再选出一位教师展示一节汇报课，并由另一位教师根据这节课的开展作本课题组的观点报告。

（3）展示翻转课堂：搭建平台，开放教学，既促使课题组教师提高教学教研能力，又进一步扩大了课题研究的影响力。在四年的课题研究里面，课题组多次与来访的外市骨干教师进行交流活动：2016 年 5 月，田老师送课到凤岗镇，开展翻转课堂教学展示，课题主持人罗老师作关于翻转课堂的专题讲座；2017 年 3 月，课题组成员李老师送课到东莞市光明小学，实施计算领域的翻转教学，课题组成员戚老师作了教材的对比研究观点报告；2018 年 5 月，课题组成员张老师在东莞市思想与方法公开研讨展示活动中执教《三角形的面积》一课，通过微课和导学单实现学生自主学习低阶知识，课中探索高阶知识，以问题驱动引领贯穿教学全过程，这种翻转得到观摩同行的一致认可。我们通过这样一次次交流，把课题组的影响力从市内扩展到市外，引起更多教师对渗透数学思想方法的关注。同时课题组成员选送评比的 30 个优课和 58 个微课教学设计和 21 篇课题研究教学论文在东莞市内多次获得一二等奖。

6. 提炼"三段四环"教学模式的结构

在研究教材的过程中，课题组把基于学生学习行为、学生学习的数据分析，以自学结果在平台输出作为依据，使教师像科学家进行科学研究一样设计教学，提炼出"三段四环"教学模式：

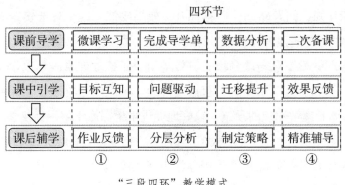

"三段四环"教学模式

"三段"就是课堂时间按时间轴发展顺序的三个时间段：课前—课中—课后。课前是"微课自学—了解学情—二次备课"，课中是"目标引领—问题推进—迁移解决"，课后是"作业反馈—对症下药—精准辅导"。"三段"安排是遵循事物认识规律的学生线与教师线双线作用的教学序列，而"四环"则是指在每个时间段中都有固定的四个环节，第一段是"微课学习—完成导学单—数据分析—二次备课"，主要目标是"摸透学情，深度备课"。第二段是"目标互知—问题驱动—迁移提升—效果反馈"，主要目标是"问题解决，深度探究"。第三段是"作业反馈—分层分析—制定策略—精准辅导"，主要目标是"效果反馈，精准评价"。其中每四环节都是循序渐进、科学融合的教学过程，这是指向培养学生高阶思维能力、解决学生学习核心问题的关键四环。因此，小学数学"三段四环"翻转课堂是基于信息化的智慧课堂。

7. 课题总结阶段（2018 年 4 月—2021 年 4 月）

综合六个学期以来的每一次理论和实践的研究，总结提炼成果。形成了小学数学翻转课堂有效策略研究优秀课例光盘一套、小学数学翻转课堂有效策略研究教学设计集共四册、小学数学翻转课堂有效策略研究优秀实践案例集一册、小学数学翻转课堂有效策略研究论文集及小学数学高年段翻转课堂优秀微课集光盘一套。

三、课题研究的主要成果

（一）探索出有效新型教学模式——"三段四环教学"翻转课堂教学模式

课题组经过三年多的实践研究，翻转"课前—课中—课后"三段教学流程结构，实现了学生课前自学低阶知识与课中探究高阶知识的翻转，课中的学习是以"目标互知、问题驱动、迁移提升、效果反馈"四个环节实现有意义的学习。我们称之为"三段四环教学"翻转课堂教学模式。

"三段四环教学"翻转课堂模式有效地解决了确立课堂教学以学生为中心的核心问题，以学生的实际学情为起点，帮助学生以问题驱动自主探究知识的高点，以迁移体验理解知识的顶点，较好地促进学生深度学习。促使学生自主探索数学学习的规律与方法，形成数学素养与能力，重点指向高层次的思维能力培养。

"三段四环教学"的翻转着重培养学生三大能力：自主探究能力、问题解决能力、思维拓展能力。要在教学中形成目标明确的靶向学习能力，浅层知识抓理解练习为关键点，深层知识和能力抓分析综合和创新思维培养为关键点。个性化教学贯穿教学的全过程，特别是从作业的数据中分析学生学习的状况，既要让尖子生学得好，也要让中下生学得透，实现整体共同进步。

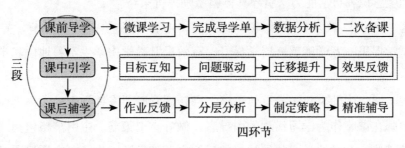

"三段四环教学"翻转课堂教学模式

1. 构建了小学数学"三段四环"翻转课堂教学模式的流程

第一步：课前自学反馈。教师根据教学基本目标与内容设计自学任务单，利用网络把微课和导学单发给学生完成，学生完成后上传平台。教师通过看平台的自动数据分析进行二次备课，依据学情使教课有备而来，指向解决学生的核心和高层次思维问题，顺利完成课前四环：微课学习—完成导学单—数据分析—二次备课。

第二步：课中引学探究。教师通过设计抓住核心问题进行导学，充分利用问题驱动，促进学生的深度参与、探究体验、迁移提升，使学生的高层次思维在这个过程中能力得到锻炼，基本解决重点与难点问题，感受学习探究中的乐趣。我们实施翻转课堂的四环是：目标互知—问题驱动—迁移提升—效果反馈。这四环是课堂教学的关键部分，起着解决学习中核心问题的作用。

第三步：课后查漏补缺。课后作业针对学生进行个性化布置，为不同层次的学生选择不同作业的方式，让学生有目标地去完成练习，达到巩固提升的目的。学生可以自选不同星级的作业以激发其学习的动力，起到较好的激励效果。同时平台反馈作业数据，让教师的辅导可以做到有的放矢。课后四环是：作业反馈—分层分析—制定策略—精准辅导。

2. 总结了小学数学"三段四环"翻转课堂教学模式的教学策略

（1）基于学情分析的有效策略。

① 前测分析策略。发挥学生学习自主能动性，利用平台、微课、导学单的

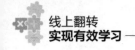
作用，建立合理的平台使用空间，提高学生的信息素养。

②深度探究策略。深入开展自主、合作、探究式学习，促进问题驱动的合理巧妙融入，培养学生探究、合作、倾听等良好的习惯；合理创设情境，培养学生问题意识和自学能力，引导其体验激励评价策略。

③"四学"教学模式策略。以学为中心体现教学中四个环节，导学指引—试学促思—互学解惑—展学提升，有效提升教学中学生学习地位和学习能动性。

（2）课堂中师生双主的有效策略。翻转课堂既要发挥学生的主体地位，也要让教师在课堂作为学习活动的引导者，做好主引策略。主引策略包括二次备课调整策略。在微课学习与导学单的反馈中调整教学工作，二次做好课堂教学的准备，包括微调教学材料、教学资源、教学目标和组织形式，合理选择教学行为和管理行为，创新教学方案。扮演好教学助学者角色，在教学中遵循教学流程灵活处理教学，实施动机激发策略、设疑促思策略、参与探究策略、交往互动策略、差异发展策略、体验成功策略。

（3）基于培养未来人的目标策略：充分利用网络和平台的策略、个性化和核心问题探究策略，所有一切为最大限度"启迪思维、发展智力、培养能力、提高素养"。线上教学与线下教学充分结合，深度融合，以学生核心数学素养为主要培养目标，实施"线上以知识能力培养为主，线下以情感价值培养"的策略。

（二）整理了小学数学翻转课堂有效策略研究教学设计集

经过对教学的内容进行透彻的教材分析，以及对学生的知识基础、能力基础等学情进行分析，多次实践论证，我们最后确定了学习过程设计的知识与技能、过程与方法、情感态度与价值观等三维目标。"三段四环"翻转课堂教学设计集均以"学习内容分析、学习目标分析、学习者特征分析、课前任务设计、课中任务设计、教学设计反思"六大部分进行分析与设计，充分体现了课题组的教师对学习者和学情分析的重视，反映出"以学定教"的理念。课题组4位实践教师通过实践课整理出小学数学义务教育实验内容人教版五六年级教材共4册"三段四环"翻转课堂学习模式教学设计65个，内容涵盖多个知识领域内容，为翻转课堂进一步研究留下文本设计材料。

高年段翻转课堂"三段四环"教学设计集

（三）开发了小学数学翻转课堂有效策略研究优秀微课和慕课案例集DVD系列资源

我们在实施小学数学"三段四环"翻转课堂教学模式过程中进行慕课教学的实践。在实践的过程中，课题组实行有效资源的分类收录，如四年级到六年级微课资源库，以便在翻转教学中更好地利用优质资源。同时鼓励和支持课题组老师开发慕课资源，建立慕课资源库，将在东莞市慕课评比一二等奖作品均收录入库。慕课和微课优秀作品和课件均在东莞市罗伟杰名师工作室公众号进行展演，吸引大量的师生前往公众号浏览学习，公众号的浏览量大幅度上升，取得较好的社会效应和效益。同时，开设了师生线上互相学习提升的翻转课堂学习平台，有利于课题研究成果进一步的拓展与推广应用。

翻转课堂资源——慕课获奖和微课程获奖

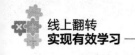
（四）录制了小学数学翻转课堂有效策略研究优秀实践课例DVD系列资源

常言道：实践出真知。因此我们在课题研究中，坚持立足课堂教学，在实践中遇到困惑时研究摸索。我们根据日常开展的教研，把研究过程中的精品课程教学录制成光盘，便于广大教师查阅、探讨和研究。能收录在案的课程教学，无不经过集体备课、试教、反思、修改、展示等多层次研究，获得听课教师的好评。课题组翻转课堂实践课例《图形的旋转》获得了2016年东莞市小学数学翻转课堂教学评比一等奖，各类信息化教学资源和经验总结在省市级的评比中荣获奖项共196人次。

（五）实践实效显现，促进学生的核心素养和能力的提高

关注学生的深度学习、培养其高层次思维的翻转课堂教学模式，有利于教师围绕学生的学情设计教学活动。任务导学单的使用使学生自主学习能力得到培养，问题驱动的环节较好地训练了学生的问题意识，激发学生的学习兴趣，促进其综合素养的提升。

经过课题组的调查发现，参加实验的学生的非智力因素发展良好，学生对"三段四环"翻转课堂教学模式课堂感到轻松和愉悦，学生的学习兴趣与对比班相比明显要高。对于实验班的作业问题，由于是平台上自主完成，学生对作业不那么害怕了，反而变得期待作业过关取得积分，实验收到较好的效果。

缘起平板翻转教学　聚焦有效策略探究

一、引入平板教学

在 2016 年开展东莞市立项课题《"三段四环"翻转课堂教学模式实效性的实践研究》的研究过程中，我们挑选了挑大梁的骨干教师和部分班级参与平板电脑教学实验，实施了翻转课堂的教学探究。同时，莞式慕课、东莞微课程等翻转课堂模式在莞邑学校实验的推进也掀起了信息化教学改革的热潮。为了对平板教学运用加强实践与探索，加快信息化教学研究，我们工作室全体成员进行了多次集中研训活动，同时对实验班的学生进行了相关培训。通过专家的 3 次实操培训，让大家进一步认识了平板电脑的功能和在教学中具体的应用，明确平板教学的主要任务是探究翻转课堂有效的教学模式和教学策略的核心问题。

二、初试三段翻转

我们最初的设想是构建一个线上翻转课堂平板教学实验，以连通家校两点，打造无障碍的空间学习平台。为了更好地实施信息化教学手段，在具体教学中教师每人配备一台教学平板，学生配备专门的学生机。在上课的时候教师可以用平板做到和屏幕、学生机同屏操作，可以使用电子版书和电子教材，还可以使用随机提问、抢答、自由讨论、当场作答并进行数据的统计处理等功能。教师课下可以直接从教室平板上推送作业给学生端，学生用学生端提交作业。同时，提交的情况和正确率也会有数据显示和汇总。培训厘清了基本思路，为进一步使用平板电脑教学扫清了障碍。通过培训，我们对平板教学的一般步骤有了更多的思考，其主要分为课前、课中、课后三步。

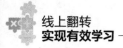
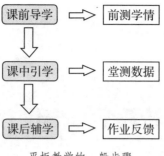

平板教学的一般步骤

  课前预习导学，课前教师通过东莞市教育局资源中心把课前预习的微课视频、PPT，自学后的自测题及讨论主题发布在相应的班级圈，学生或通过电脑端登录市教育局资源中心网站或通过手机 APP 爱学都可以观看，完成教师布置的自测题及参与主题的讨论交流。

  课中深度引学，学生通过课前的初步自学，带着问题进入课堂。课件可在授课教师的电子白板和学生中的平板电脑上实现同步；学生用平板电脑与教师互动，与同学探讨解题方法，完成习题；习题讨论结束，随堂测验开始，教师点击电子白板上的功能按键将考试题下发到孩子们的平板电脑上；十分钟后测试完成，学生通过互联网将"考卷"上传；教师可选择性地将"考卷"展示出来。在平板教学中，上课所使用的书相较于传统的纸质书已经发生了很大的改变，教师的教学设计，或者说他的教学方案、他所拥有的教学资源、他的课件，全部以电子文件的形式输入到学习终端中。在一对一的交互式学习过程中，教师用电子书讲授，学生用电子书学习。这既改变了教材的呈现方式，又改变了学生的赏析方式、课件的演示方式，其教学资源最终成为学生个性化学习的资源。学生人手一机，动态的教学过程用平板电脑来承载。它同时记录了学生个性化学习的轨迹，包括预习的轨迹、赏析的轨迹、作业的轨迹，以及评价的轨迹等。

  课后及时辅学，通过电脑端登录市教育局资源中心网站或通过手机 APP 爱学完成教师布置的课后巩固练习，教师也可及时登录系统查看学生完成情况，及时对教学进行分析与调整。

三、平板翻转策略

通过平板进入课堂教学的应用，我们充分感受到了教育信息化给学科教学带来了深度融合的便利，也初步探索了平板教学三段式的策略和方法。

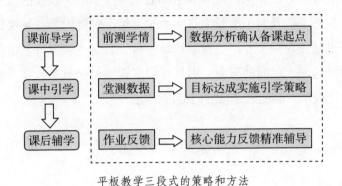

平板教学三段式的策略和方法

1. 平板推送

平板教学可以在课前推送导学材料。这个操作是用平板推送学习资源给全体学生，并且要求线上反馈结果，这样教师可以精准掌握学情；也可以利用推送功能设立激趣导入的环节和课后活学活用的环节。这种方式更好地实现了个性化学习，提高了学生的课堂参与度与积极性。

2. 平板抢答

平板教学可以在紧张刺激的计时抢答中完成对知识学习效果的检测，我们简称之为平板抢答。大部分小学生好胜心强也喜欢竞赛活动，而竞赛既要比速度和反应，又要比准确率。因此，平板抢答这个操作策略能激发积极的学习气氛。例如，在小组讨论的汇报环节，使用抢答的功能能够更好地调动学生的积极性，起到很好的破冰作用。

3. 平板点名

使用平板点名这种互动方式可以更有效地聚焦学生的专注力，避免了传统点名方式的教师惯性思维，更好地面向全体学生，也避免了学生"只要不举手老师就不点我"的心态，最大限度地提高了学生课堂活动的参与度。

4. 平板拍照互批

平板教学在课堂练习的环节，使用了拍照互批的功能。这种方式更好地调

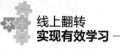

动了学生的积极性，起到了很好的监督作用。利用拍照互批的功能，让学生更重视答题的正确率与书写的质量，避免了学生"做没做完无所谓，做得对不对也没人知道"的心态，大大提高了课堂效率。

平板教学中平板电脑在课堂上的应用，对改变传统课堂结构，促进学生自主学习方面有着很好的作用：每名学生都能在课堂上成为积极的参与者而不仅仅是看客；教师也能及时了解学生真实的学习情况，随时准备解决他们面临的问题。平板电脑作为一个专门的教学移动平台，将进一步推进教学信息化，使教与学不再受地域、时间的限制，而且在提高课堂教学效率、尊重学生的主体地位和个性化教学方面起到了良好的促进作用。

翻转让数学学习行为真正发生

——翻转课堂"三段四环"教学模式实践探究

东莞教育"十三五"规划提出:"围绕慧教育为主线打造智慧课堂,充分利用互联网＋教育等新技术、新方式,实现教育信息化,办有质量的教育。"向着信息化慧教育的目标,我们的平板电脑教学进入教学实验阶段。为了更好地适应时代的发展和跟上教育变革的步伐,2017 年 3 月,东莞市罗伟杰名师工作室提出"聚焦核心素养,实践智慧课堂"的乐思课堂探究方向,数学翻转课堂实验正式起动,对"三段五环"数学翻转课堂教学模式的探究也揭开了序幕。

一、初识"三段四环"数学翻转课堂教学模式

(一)什么是翻转课堂

翻转课堂又称为"颠倒课堂"或"反转课堂",起源于美国科罗拉多州林地公园高中的化学教师乔纳森·伯尔曼和亚伦·萨姆斯所进行的颠覆传统课堂的尝试。从 2007 年春开始,他们把结合实时讲解和 PPT 演示的视频上传至网络,让学生在家中或课外观看视频中教师的讲解,在课堂中就核心内容进行面对面的讨论和解决作业的问题。他们坚持学生会的不重复教、学生能自己学会的不教的原则,通过微课视频教学解决了课堂中统一讲授的传统课堂模式中存在的问题。有人认为翻转课堂就是先学后教的应用信息化教学模式,而我们认为翻转课堂是真正实现线上线下深度融合、重构的教学范式,是我们实现高效高质课堂并值得付诸实践去研究的高效方式。

(二)"三段四环"翻转课堂模式

翻转课堂真正的目的是让学习更高效,培养真正会学习的学习者,真正让

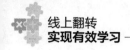

学生成为课堂的主人。个性化与深度学习是新时代教学追求的主要目标，因此，基于学生、基于目标、基于深度、基于质量四大维度是翻转课堂的主要特征。

基于此，我们提出"三段四环"的翻转课堂模式，具体核心翻转策略如下：

"三段四环"翻转课堂模式

在深度探究课堂教学变革的定位、本质与走势之时，基于理性反思，我们发觉教学中仍有以下几种现象：尽管坚持学生立场、学习方法已经逐步成为教学变革的核心指向，但主体偏移、学习受限的现象依然存在；尽管自主学习、主动建构已经逐步成为教学变革的首推方式，但被动应付、消极依赖的现象依然存在；尽管以学为主、为学而教已经逐步成为教学变革的主导理念，但重教轻学、为教而教的现象依然存在。这些现象的存在说明一些教师在教学革新和理念创新上还在举棋不定；又或者说，数学课堂的改革方向及教学改进的策略还没有形成，一些教师还停留在"工多活熟、量大能捞鱼"的旧观念和旧认知上，仍然存在着"满堂灌"式教学，最终结果是学生完全失去主动求知的欲望，厌恶学习。

"三段四环"数学翻转课堂教学模式是一种基于教育信息化的创新教学模式，以学为中心，以发挥学生的学习自主性、激发学生的学习兴趣为最终目标，课前导学、课中引学、课后辅学，更好地利用网络信息化的优势，实现教师主导、学生为主体的双主课堂。

翻转课堂是一种创新型的教学模式。翻转具有"推翻，彻底改变"的意思，要改变就预示着要创新和变革。以培养学生学科核心素养为主线的翻转课堂是彻底改变原有不适应学生发展的课堂，建立新型的学习模式，采取了把信息化融入教学过程并使学生进行自主学习的有效策略。

二、遵循学习规律，精准把握学情

教学目标分解只能定位学生学习的逻辑起点，那么，学生的真实学情如何？我们采取了"课前导学，学情反馈"的策略，借助线上完成课前学案、访谈、问卷调查的方式，借助问卷星等工具快速收集数据，及时分析把握学生的现实起点。线上发放问卷、平台上传导学单，线上完成对学情的自动统计和数据分析，这是学情分析策略。通过前测数据反馈分析，较清晰地掌握学生学习的起点，实现精准把握学情，以便进一步实施学习引导。

如在教学《解决问题的策略——转化》时，我们布置了学生在课前线上学习微课并自主完成导学单，完成后学生接着在问卷星上完成例题。通过问卷星及时分析，了解到89%的学生解答例题是没有问题的，但全班46人，只有11名学生能将自己的解题思路表达完整，17名同学写的思路比较简单，如"移一移""拼一拼""添补法"等，属于会做不会说，知其然但不知其所以然。全班有12位学生提出问题。运用数格子方法解决问题的学生提出"怎样更准确判断出它们哪个大""左边大还是右边大"等问题。运用转化方法解决问题的学生提出"为什么这些图可以移""为什么它们面积会相等"等问题。依据学生的不同起点，并针对不同层次学生的共同特点与基础开展的教学活动才符合学生的知识水平和接受能力。

三、核心问题引学，激发思考迁移

寻找学生的逻辑起点主要是基于对教材知识逻辑的关联分析，寻找学生的现实起点主要是基于对学生的认知分析。结合对两者的分析，凝炼出教学的核心问题，引领学生思考，培养学生的分析能力、思辨能力及解决问题的能力，而不是简单地在形式上的呈现。"三段四环"翻转模式的核心教学在于利用翻转教学更深入地发展学生高阶思维能力。"目标呈现、问题引领、迁移学习、应用反馈"这四个环节的教学是激发学生思维能力深度发展的关键。如《解决问题的策略——转化》这节课在"能理解运用转化的策略解决问题"的学习目标指引下凝练出四个问题：①这两个不规则图形为什么可以转化成长方形？②分别用什么方法能将这两个不规则图形转化成长方形？③为什么要将不规则图形转化成长方形来比较呢？④转化后两个长方形的面积相等，怎么能说明原来两个不规则图形的面积也相等呢？凝练出有价值的问题，才能使学生的思考有价值，才能真正培养学生的思考能力。引领学生思考，应该先让学生独立思考核心问题，在个人分析的基础上，将思考成果在小组里碰撞，通过小组讨论、思辨，

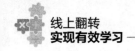
形成集体智慧的结晶；再经过全班汇报、讨论、补充、质疑，形成全班的思维成果。这个过程是学生自己经历、合作经历的过程，是真学习的过程。让真正的学习行为发生，学生获得的才是真知识，才能真正提高思维能力。

四、注重话语表达，引导深度学习

要提高学生高层次的思维能力，教师除了深研教材与课标，为学生的学习提供文本材料，还要在课堂上能"忍住"。注重在教学中适时引导，用引导者的智慧开拓学生学习的蓝海。线上翻转教学深度学习的关键在于把握学生学习刺激的时机，让学生的话匣子打开，让学生愿意说、勇于说、准确说。例如，在《解决问题的策略——转化》一课的线上教学中，让学生通过自学微课对关键问题进行探究，接着任务学习上要让学生个人或小组进行线上汇报。在汇报或分享中，在学生解释不清楚、不到位时，教师作适时恰当的指导。所以，在课堂教学中，学生能表达的要让学生表达，学生说不清时教师再介入，教师要做"机会"的播种者，给学生表达的机会、感悟的机会。尤其注意课堂不应该成为优等生的独角戏，表达也不是优等生的特权，要让不同层次的学生在课堂上都有表达的机会。教师要了解所有学生的表达能力，根据问题的难易程度，选择不同层次的学生表达，让每一名学生在原有能力基础上都能得到提升，这样才能真正提高每一名学生的表达能力。

五、巧计翻转练习，提升应用能力

在翻转课堂教学活动中，教师根据学生学情凝练核心问题，通过问题串的提出，使学生在解决问题的探究过程中主动探寻，学习解决问题的方法与知识能力；通过学生的自主思考，合作学习，分析、思辨、解决核心问题，再通过汇报，培养表达能力，整个教学过程培养了学生的高层次思维能力。但是获得的能力需要巩固，需要通过针对性的练习，练习时基于思维和提升综合运用能力才能事半功倍，才能解决知识链相关的核心问题。例如，在教完两位数除以一位数之后，可以设计这样具有翻转思维的问题组：

①你能回答小明的问题吗？你是怎样想的？
②改变上题中的几个数字，使商仍然是 10。可以怎样改？

对于第一问，学生通过评判，知道小明算错了。但是错在哪里，需要学生描述，而描述的过程正是对算理再次理解、巩固的过程。第二问，改变题中的几个数字，使商仍然是 10，可以怎样改？学生可以只改动被除数，也可以只改动除数，也可以同时改动被除数与除数，但是每种方法都需要学生逆向思维，并进行简单的推理。如果要找到所有方法，学生还需要有序地一一列举，才能做到不重复、不遗漏。在教学《平移与旋转》后设计这样的题目：下图是王小刚在桌面上将数学书平移后的结果，你同意吗？说说理由。

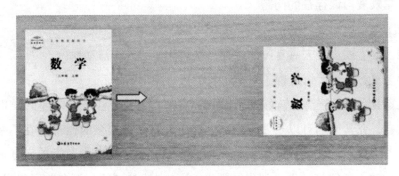

《平移与旋转》题目

这样的练习，通过学生评判、说理，拓深平移概念的内涵与外延，让学生理解，沿直线运动且物体本身不转动，才是平移。

教师的教不是为了表现自己，学生是学习的主人。只有在学习过程的前、中、后三段有效地设置和引导学习活动的合理科学推进，翻转原有传统过时的认知与做法，这样的教学才能做到水到渠成、融会贯通。"三段四环"翻转教学打破了原来只有老师教才能学会的旧想法与认知定式，学习是学生自己可以在资源帮助下完成的，完全不受时间与空间的影响，学生可自主地完成学习任务。

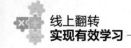
翻转复习课运用思维导图的有效研究

一、为什么研究

（一）研究背景

2017 年 5 月，工作室的学员戚老师和李老师接受了学校的研究任务，要对六年级复习课现状进行调查分析，解决复习中只练习不教的增负教学问题，找到解决问题的模式与方法。

1. 常规复习课存在的问题

（1）数学单元复习课正被演化成练习课。

（2）学生逐步失去对复习的兴趣，乏味让学习处于被动地位。

（3）复习过程严重忽视了对学生数学核心能力的培养。

从前期问卷调查和访谈来看，对数学单元复习课总是感兴趣的学生只占 30% 左右，究其原因有以下三点：其一，单元复习课很多时候都是在不断地解答题目，形式单调，变成了题的练习课。其二，学生喜欢的数学单元复习课是多维互动的（老师与学生、学生与学生），是主动参与的，而在单元复习课中，老师讲的时间过多，学生很多时候是被动地跟着老师的讲解，失去其课堂主体地位。其三，老师没有注重知识的梳理和建构，也没有注意解题及反思、归纳和总结，忽略了学生能力的培养。

2. 思维导图作为翻转教学的一种策略，促进学生有效掌握、归纳知识

思维导图以形成思维链为主要形式，有利于学生从整体上促进创造性思维的发展。

在数学单元复习中，知识点多、内容多，学生容易产生记忆的混乱和目的性的偏差，那么使用思维导图可以帮助学生构建整个知识网络；同时，在绘制思维导图的过程中，学生要概括出主题关键词，还需要展开丰富联想，学生不再是被动地接受知识，而是积极主动地建构所学知识。此外，学生将自己的想法用图画的形式表达出来，与他人交流、讨论，学生之间可以合作绘图，培养合作精神。

3. 翻转课堂中运用思维导图进行复习，促进复习课多样态

翻转课堂是复习课的一种新尝试，在信息化背景下有效利用知识整理工具进行知识整理是一种数据分析整理能力，软件 Mind+ 思维导图的使用为教师的教学和学生进行单元整体知识整理提供了一条便捷的途径。使用思维导图进行知识整理在复习时是非常有必要的，也是提升教学质量的一种好方法。

（二）核心概念及其界定

1. 思维导图

思维导图的英文表述为 Mind Maps，是由世界著名脑力开发专家东尼·博赞（Tony Buan）于 20 世纪 60 年代初所创的一种新型记笔记的方法。思维导图是一种将人类大脑的自然思考方式——放射性思考可视化的图形思维工具，被描述为"大脑的瑞士军刀"。思维导图的中心是一级主题（或中心主题），一般用关键词或直观、鲜明的图形作为标志，之后在一级主题的四周延伸出二级主题（次级主题），罗列与一级主题相关的细节要点，不需拘泥于顺序或结构，由各个二级主题还可以继续延伸出三级主题等，其应用模板如下图。

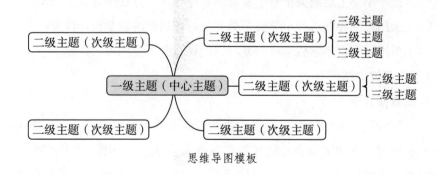

思维导图模板

2. 复习翻转课

数学复习课是在学习过程中回顾或整理单元主题下的知识链条和关系，是指根据学生的认知特点和规律，在学生学习数学知识的某一阶段，以巩固、梳理已学知识、技能，促进知识系统化，提高学生运用所学知识解决实际问题的能力为主要任务的一种课型。而复习翻转课就是翻转数学复习课的流程和安排，

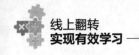

充分利用微课及学习任务单引导学生进行自主学习（复习）、任务整理、深度学习，实施有效的教学行为。

3. 翻转课例研究

翻转课例研究是指围绕一堂课的教学在课前、课中、课后所进行的种种研究活动，包括研究人员、上课人员与他的同伴、学生之间的沟通、交流、对话、讨论，充分利用复习微课和复习任务单进行教学。课例是关于一个单元主题的教与学的案例。

（三）研究目标

（1）依托本研究为本校数学教师专业发展提供服务，产生一批有代表性的运用思维导图进行六年级数学单元复习课教学的优秀教学案例，探索出如何合理运用思维导图进行小学六年级数学单元复习课教学，提升教师思维导图教学研究能力。

（2）通过本课题的研究，使学生学会绘制思维导图，在六年级数学单元复习课堂中熟练运用思维导图，从而激发学生数学学习兴趣，培养学生的高级思维能力和知识建构能力，提高主动探究与合作学习的质量。

（四）研究内容

（1）当前小学数学单元复习课的课堂现状调查分析。

（2）指导小学生绘制关于数学复习的思维导图的方法探索。

（3）运用思维导图进行小学数学单元复习课教学的教学设计探究。

（4）思维导图在小学数学单元复习课的课堂教学应用模式探究。

（五）研究方法

1. 文献研究法

从思维导图、小学数学单元复习课两方面入手查阅相关资料，总结前人研究经验，使得课题组成员熟练使用思维导图、绘制思维导图；在分析小学数学教材的基础上摸清单元知识的脉络体系，了解小学六年级数学单元复习课的现状和一般上课模式，为课题组成员将思维导图应用于小学数学复习课的教学设计做充足的准备。

2. 问卷调查法

此次的问卷分为针对教师的和学生的两种。针对教师的问卷主要是搜集教师对小学数学单元复习课教学设计的看法，了解教师是否接触过思维导图等有关课题的信息，用来考察教师对思维导图的了解和使用情况。针对学生的问卷主要是了解学生对思维导图的接触及认识情况，以及学生对这种结合思维导图的新型复习课的看法，以验证复习课的效果。

3. 实验研究法

为了了解小学数学复习课中使用思维导图是否能够提高学生的复习效果和学习能力，本研究以本校六年级 5 班和 6 班的学生为对象，5 班为实验组，6 班为对照组。实验组所有单元复习课均利用思维导图进行复习教学，而对照组仍采用传统复习方式，最终用测试对比两班学生复习能力水平，验证思维导图的有效性。

二、研究什么

（一）第一阶段：学习准备阶段（2017年7月—8月）

1. 召开课题开题会，明确各人研究内容和工作职责

（1）各人研究内容和工作职责。

张老师：查阅相关文献资料、文档收集整理工作，负责六年级上册数学单元复习课的教学设计及课例展示，收集该年段学生优秀作品。

罗老师：负责当前小学六年级数学单元复习课堂的现状调查分析并形成调查报告，负责六年级下册数学单元复习课的教学设计及课例展示，收集该年段学生优秀作品。

（2）实施计划。

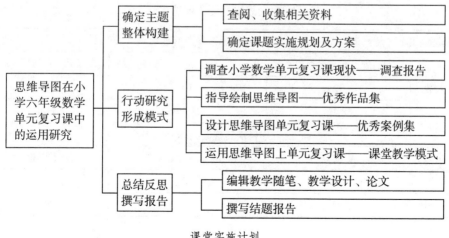

课堂实施计划

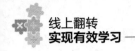

2. 搜集整理相关资料，组织开展理论学习

了解思维导图的内涵，对数学复习课堂中运用思维导图有一个整体性的一般认识。

3. 完成调研报告

在莞城区某校开展"当前小学六年级数学单元复习课堂现状"调研，并完成调研报告。

（二）第二阶段：探索研究阶段（2017年9月—2018年6月）

（1）课题组成员对于"如何指导六年级学生绘制关于数学单元复习的思维导图"进行尝试探索。

（2）对于"思维导图应用于小学六年级数学单元复习课的课堂教学模式"进行尝试构建。

（三）第三阶段：整理总结阶段（2018年7月—10月）

全面整理课题实验的情况，进行实践的总结和理论的升华，最终总结出各项成果。

三、怎样研究

（一）问卷统计分析

为了了解基于思维导图的复习课教学设计实施的效果。笔者利用课间在班上发放了 48 份调查问卷，用以了解学生对课堂的感受。本次调查共发放问卷 48 份，回收 47 份，有效问卷 47 份，回收率 97.9%，有效率 97.9%。

学生对思维导图上课感受

问题一	你觉得思维导图有趣吗？		
选项	A. 很有趣，我自己很想试试	B. 一般，自己应该不会主动画	C. 无趣，不想去画
人数	32	10	5
百分比	68.1%	21.3%	10.6%
问题二	你喜欢这样的上课方式吗？		
选项	A. 喜欢	B. 一般	C. 不喜欢
人数	33	12	2
百分比	70.2%	25.5%	4.2%

续　表

问题三	你感觉这样的上课方式轻松愉快吗?		
选项	A. 愉快	B. 还可以	C. 不愉快
人数	34	10	3
百分比	72.3%	21.2%	6.4%

可以看出，思维导图图文并茂的形式引起了学生足够的兴趣，70.2%的学生喜欢这样的上课方式，也有72.3%的学生喜欢上了用思维导图上复习课，而不想去画思维导图的学生只有10.6%。这表明用思维导图剔除复习课的乏味性是比较有效的。由此可见，大部分学生觉得思维导图很有趣，很喜欢上使用思维导图的复习课。

兴趣是最好的老师，复习"旧知"要把小学数学复习课上得生动有趣是十分困难的，思维导图可以在解决这一问题方面提供一定的帮助。

学生绘制思维导图的能力和使用思维导图的意愿

问题一	你以后会使用思维导图这个学习工具去学习吗?		
选项	A. 会	B. 可能会	C. 不会
人数	39	5	3
百分比	83.0%	10.6%	6.4%
问题二	学习完思维导图的应用及绘制，你是否能独立绘制一张思维导图?		
选项	A. 喜欢	B. 一般	C. 不喜欢
人数	33	12	2
百分比	70.2%	25.5%	4.2%

问题三	你课后愿意用思维导图进行数学知识的复习吗?			
选项	A. 很愿意	B. 愿意	C. 一般	D. 不愿意
人数	35	5	4	3
百分比	74.4%	10.6%	8.5%	6.4%

在上课之前，大部分学生是没接触过思维导图的。而经过一段时间的学习后，有87.2%的学生已经有信心去绘制一幅思维导图了，这表明这种思维工具易于被学生掌握。

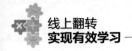
（二）平行班成绩对比分析

实验班和对照班前测成绩比较表

成绩＼类别	平均分	90分以上	89~90分	70~80分	60~70分	60分以下
实验班	83	12	13	17	5	1
对照班	81	8	13	20	4	1

通过上表数据分析可看出，两班没有进行思维导图教学时用同一份试卷测试，结果两班平均分差距为2。各分数段的人数相当，实验班和对照班在所要复习的单元知识掌握上，平均水平相差不大，总体水平较为平均。

实验班和对照班后测成绩比较表

成绩＼类别	平均分	90分以上	89~90分	70~80分	60~70分	60分以下
实验班	86.5	12	18	15	2	1
对照班	81.5	6	13	20	7	1

通过后测的数据分析可看出，两班的平均分均有一定的提高，但整体上来看实验班的成绩提高的幅度稍大一些。同时，实验班学生80~90分数段的学生人数明显增多，对照班变化不大，这在一定程度上证明了思维导图在小学六年级数学单元复习课中的积极作用，有助于学生学习效率的提高。

（三）学生思维导图作品分析

1. 学生使用思维导图前后梳理单元知识结果图对比分析

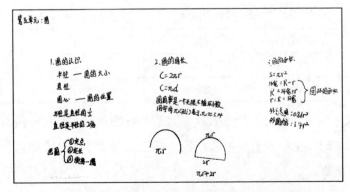

第五单元《圆》学生使用思维导图前知识梳理结果图

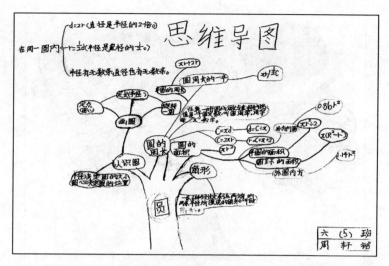

第五单元《圆》学生使用思维导图后知识梳理结果图

分析：通过前后对比可以发现，运用思维导图进行知识梳理，可以激发学生的想象力，使抽象的知识转化为具体可感的图像。在绘制思维导图的过程中，可以将隐性的知识转化为显性知识，学生使用思维导图展示的知识结构与不使用思维导图相比更清晰，知识点总结更全面。同时，思维导图创作灵活，没有严格的限制条件，故而能够充分体现个人的思维特点，更具有个性化特征。

2. 课前课后学生思维导图作品对比分析

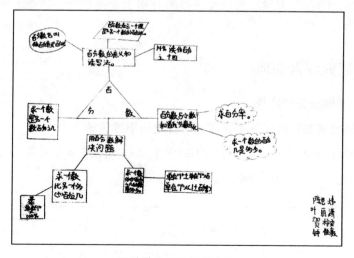

课前学生思维导图作品

课后学生思维导图作品

分析：通过前后对比可以发现，课前学生画的思维导图虽然有一定的结构，但知识点比较零散，结构不够完整，而且内容不够丰富，画面也比较单调。在《圆》单元整理和复习课中，老师在课堂上带领学生制作过思维导图，课后学生再根据自己的理解画出思维导图，学生展示的知识更全面、更有逻辑性。由此可见，学生的形象思维和逻辑思维都得到了一定的发展。而对于同一主题的思维导图来说，由于学生的兴趣爱好、知识结构、思维习惯和生活经历不同，所制作的思维导图也有差异，可见思维导图有利于张扬个性，体现个体思维的多样性。

四、研究成果如何

（一）课题研究的成果

1. 总结出使翻转课堂思维导图复习有效的指导策略

课题研究的过程中，在指导六年级学生绘制关于数学单元复习的思维导图上，我们总结了一些指导策略，简称"三步法"。

制图"三步法"

第一步：识图

为了让学生更好地认识思维导图，课前给学生介绍 Mind+ 思维导图制作课堂上的微课作品集，接着，复习课上老师的板书大都以思维导图的形式呈现。数学的基本概念、计算法则的关键词都一一嵌入思维导图中，深刻在学生的脑海中。一节课结束，老师和孩子们共同分析，老师的思维导图为什么这样安排，使学生对思维导图中的关键词的提炼、知识的层级安排有一定的认识。

第二步：画图

初学思维导图，先接触 Mind+ 思维导图制作，但最重要的还是让学生动手画一画。在学生动手画图前，为了掌握学生对思维导图的了解情况，笔者先对班级学生以"你在之前见过思维导图吗"为题做了一份调查问卷。结果发现将近 70% 的学生表示见过类似的图，但不知道叫思维导图，对思维导图的概念也是模糊不清，可见思维导图对学生来说是很陌生的。因此，我们以"思维导图"为例对学生展开了详细讲解，上了一堂思维导图培训课。课后，经过访谈，我们了解到学生已基本掌握了思维导图的画法，知道画思维导图的步骤和要点：①确定核心主题。②从核心主题出发，延伸出次级主题。③主题由关键词构成，再根据需要继续往下分。④绘图时使用多种颜色、图像、符号等。学生明确了这些要点之后，再让他们就某一学习内容制作思维导图。

第三步：用图

在翻转复习的课堂中，通过目标驱动式让学生先对难点进行讨论和制图分析，各小组还可以将自己的思维导图展示出来，并进行自评和互评，最后再由老师对各小组的思维导图进行点评。在这个过程中，学生能发现自己绘制的思维导图的不足之处，并对其进行改进。这个过程实际上就是学生厘清思维、识别知识盲区的过程。在复习课后，学生根据思维导图进行快速的知识点分类复习、整合和归类，让思维导图永久地存在，成为思维脑图。

2. 构建翻转课堂思维导图复习的有效课堂教学模式

课题研究的过程中，我们还探索出思维导图在小学六年级数学单元复习课中的课堂教学模式，简称"三环节"教学模式。

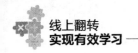

"三环节"教学模式

第一段：课前导学——微课导学生成思维导图

课前准备环节主要是在课前阶段完成。学生根据老师的布置学习微课和看书回忆，并找出相关问题，制订学习计划和复习方法，通过用思维导图软件作图来明确自己的学习目标，完成思维导图初稿，完成后保存上交给老师，以便老师检查及在课上与同学分享。

第二段：课中引学——交流互动完善思维导图

完善思维导图主要是通过各种活动，结合学生自评作品、互评作品、老师点评学生作品、小组合作再构图、思维导图的演示汇报等活动，促使学生从老师、其他同学两个角度对自己的作品进行分析和比较，发现自己对知识点、知识块及它们之间内在联系理解的不足，从而完善自己的思维导图。具体步骤：说图—评图—改图—再说图。

第三段：课后辅学——重构梳理再创思维导图

课后让学生将所学的主要内容、遇到的问题和受到的启发及老师的建议重新梳理一遍，对自己的思维导图进行重构和再创造。同时把重构的思维导图内容对着家人讲出来，并录下来自己反复听，这样进一步增强记忆，使学生的知识体系趋于严谨、完善，同时提高学生的语言表达能力和自信心。

（二）研究的成效

1.学生层面

（1）激发学生的学习兴趣。

兴趣是学习的催化剂。在六年级数学单元复习课的课堂教学中，教师充分运用思维导图，引导学生从图中获得信息，在图中求真知。学生通过亲自动手绘制思维导图来呈现自己的想法，开拓自己的思维，不仅能够加深对学习内容的理解，也可以提高学习的趣味性。通过后期问卷调查发现，学生对思维导图的认同感及对复习课的兴趣都为70%及以上。

（2）提高学生自主梳理和建构知识的能力。

在传统单元复习课中，教师总是代学生梳理知识，学生做的笔记只是老师写在黑板上的重点，而不是自己思考的产物。新课标提出"数学学习活动应当是一个生动活泼、主动和富有个性的学习过程"。把思维导图引入六年级数学单元复习课的教学中，给学生提供了主动思维的机会，让他们亲历知识梳理、自主建构知识结构的过程。

（3）促进学生的概念理解。

数学是一门抽象的学科，数学概念是对事物的数形特征的高度抽象概括。六年级学生对抽象概念的认识大都是在对具体事物的操作和直观图形的观察基础上进行抽象概括而成的。思维导图被称为"可视化思维"，其最大的特点就是化无形为有形，将抽象的思维用具体可观的方式呈现。针对复习课上繁杂的知识概念，学生根据自己的理解去整理和记忆，能很好地促进对概念理解和掌握。

（4）提高学生的自主学习能力。

学生在绘制思维导图的过程中，有效地参与到课堂中来，有效避免了因复习课乏味导致学生不听而只由老师讲课的"一言堂"的局面。通过师生互动、生生互动，将绘制思维导图与复习知识点相结合，学生在合作交流中积极思考，学生的课堂主体性得到发挥，学生的自主学习能力得到培养。

（5）拓宽学生视野，使学习方法多样化。

将思维导图应用于六年级数学复习课中，激发了学生的兴趣，一改复习课在学生心中"枯燥乏味"的印象。在访谈中，学生惊讶于"复习课也可以这样上"，这样的复习课拓展了学生的视野。另外，思维导图不仅适用于数学复习课，也适用于其他的课堂。学生在课堂上与教师共同经历了多次创作思维导图的过程，已经掌握了绘制思维导图的方法。在课后调查问卷和访谈中，有不少学生表示想将思维导图应用于其他科目的学习、复习当中，他们已经感受到了思维导图的实用性。由此，学生又掌握了一种有效的学习方法。

2. 教师层面

（1）更新教师观念，重视学生数学思维的培养。

在复习课中用翻转课堂的模式进行教学，相信学生能行。充分发挥学生的自主能动性，把任务前置，利用思维导图进行大单元复习，更新了教师的教育观，使教师与学生之间建立一种尊重、合作的关系，从而促进学生数学思维的

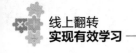
发展，培养学生的数学核心素养。

（2）提升教师的专业素养，带动课堂教学的优化。

在研究实践中，课题组老师努力将先进的教育思想内化为自己的教育教学理念，转变为自己的教育行为，自身的专业素养也得到了发展，其中课题研究组的诸老师获得市教学能手称号；戚老师撰写的论文、教学设计多次获得市级荣誉，并于2018年被评为莞城区优秀教师。

3. 课堂教学层面

（1）变"个体学习"为"合作学习"。思维导图是知识学习的捷径，要将这种思维方式培养起来就要翻转原来的"要我学习"的状态。通过翻转教学流程让学生在学习过程体会主人翁的快乐，获得成功感，这样教学有效且水到渠成。我们为思维导图用于数学教学的后续研究提供了丰富和翔实的教学案例，并在教学实践的过程中总结出一套不同结构思维导图的设计规范和方法。通过六个单元的教学，教师和学生共同绘制了各种不同的思维导图，所有这些思维导图为学生在以后的学习中根据不同阶段的学习需要来画不同的思维导图提供了丰富的参考案例。

（2）变"要我整理"为"我要整理"。始终遵循在教学中充分发挥教师和学生"主导—主体"的双主教学理念，既不可忽视教师在教学中的主导作用，又要最大限度地保证学生的主体地位。在整个教学中，教师不断地改进教学方法和手段，根据学生年龄段和学科特点，精心设计教学目标和内容，在教学中善于采取多种策略引导学生的思维，激发学生的想象和对先前所学知识的回忆，促进学生的学习。此外，教师还善于利用思维导图来组织课堂教学活动，增加课堂的互动性，让学生在活动中理解知识，增强记忆。在发挥教师主导作用的同时，也充分体现了学生的主体地位，更多地让他们根据自身的需要来画思维导图；教师作为引导者，根据学生的不足之处，进行有针对性的修正和补充。

（三）得出结果或结论

我们通过思维导图在小学六年级单元复习中的应用，发现思维导图在提高学生的学习兴趣方面有明显的作用，学生的数学思维能力也有明显提高。通过实验研究进行总结，具体如下：

（1）教学实验有效地验证了思维导图与数学单元复习课相结合的可行性：思维导图具有清晰的结构、层次和中心主题（核心），在教学中使用思维导图来进行总结，便于学生将新旧知识通过总结、归纳、辨析、联想或想象等手段联系起来记忆。在画图的过程中不断地梳理知识，能帮助学生构建自己对单元知识的理解，有利于学生在头脑中建立有条理的、清晰的知识结构。

（2）思维导图在数学教学中的应用，部分验证了其提高教学效果的有效性。一方面，在提高学生成绩方面有一定的效果；另一方面，据学生的反映，自从学生学会了用思维导图来进行学习之后，他们会用更多的学习策略来帮助他们记忆那些难以记住的知识，在记忆知识方面有明显的进步。实践证明，思维导图不仅是一种可视化的知识表达形式，也是一种认知策略。它引导学生对零散孤立的知识进行整理归纳和反思，运用思维发散性和联想、关联，根据知识点的结构相似性或词义的相似性等特点组成知识块、知识网，最后形成一张便于自己识记、保持、提取和再现的认知结构图。

（3）思维导图在数学复习课教学中的应用极大地提高了学生对数学学习的兴趣并能逐渐改善学生的学习习惯。无论是课堂上学生独立绘制思维导图时，还是课后与同伴的沟通交流时，他们都对画思维导图进行复习这一方法表示出了浓厚的兴趣，并在画思维导图的过程中充分发挥了他们的创造力和想象力。大部分学生都指出，他们希望在今后的教学中，教师能将画思维导图的方法运用到其他学科的教学中去。

五、评价报告

（一）研究内容实践性强

针对小学六年级数学单元复习翻转课堂的课例实践研究，这是基于一线教师平常的数学复习课堂中遇到的实际问题以及学生实际复习中的反馈所发掘的问题而进行的研究，其目的是提高学生的学习兴趣及复习效率。其研究结果对于提高学生学习能力及复习课堂的教学效率有非常明确的实践意义。目前，本研究成果已经在校内推广，获得了科组老师的一致认可，对于改变学生学习习惯、提高学习兴趣等方面起到了积极的作用。

（二）研究过程操作性高

本研究基于教师和学生的日常教学进行，所进行的研究结合平时的教学内容，教师能够很好地结合日常教学工作开展研究，并在研究过程中不断发现问题、提出问题及解决问题。也正是因为在单元复习课中运用了思维导图，教师

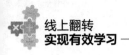

线上翻转
实现有效学习

可以从学生的课前思维导图、课中思维导图及课后思维导图中，有效地进行教学反思、改进不足。

（三）在运用思维导图提高学生学习能力的策略上有创新

研究过程中，思维导图在使用策略上有很大的创新之处，归纳如下：

思维导图使用策略

思维导图使用策略	方法及作用
课前导学思维导图	**方法**：在课前阶段完成。学生根据老师布置的内容，看书回忆找出相关问题，并进行微课学习，制订学习计划和复习方法。初步用软件制作思维导图的初始图，通过作图来明确自己的学习目标，完成思维导图初稿，要求上课前上传给老师，以便在课堂上和同学分享。 **作用**：通过学生的作品进行分析与思考，并对学生的思维脉络追根溯源，找出问题所在，了解学生学习起点，调整教学策略。
课中引学思维导图	**方法**：主要是核心问题引学，通过讨论交流、展示分享等活动，结合学生自评作品、互评作品、老师点评学生作品、小组合作再构图、思维导图的演示汇报等活动，促使学生从教师、其他同学两个角度对自己的作品进行分析和比较，发现自己对知识点、知识块及它们之间内在联系理解的不足，从而完善自己的思维导图。 **作用**：在教学活动中，学生有效地参与到课堂中间来，有效避免了因复习课乏味导致学生不听而只由老师讲课的"一言堂"的局面，学生的课堂主体性得到发挥，学生的自主学习能力得以培养。
课后辅学思维导图	**方法**：布置学生将今天所学的主要内容、遇到的问题和受到的启发重新梳理一遍，利用思维导图软件对思维导图进行重构和再创造。同时把重构的思维导图内容对着家人表达出来，把它录下来作为学习的成果给小伙伴们分享。 **作用**：进一步增强记忆，使学生的知识体系趋于严谨、完善，也提高了学生的语言表达能力和自信心

（四）研究成果具有实用性

本研究最后的成果实用性强，易于运用

首先，在成果方面，主要形成以下两大类成果：

1. 总结了一套行之有效的指导策略

在研究的过程中，在指导学生绘制关于数学单元复习的思维导图的方法上总结了一些指导策略，简称"三步法"，在促进学生有效掌握知识、学会学习方面有非常积极的作用，有效提升了学生的复习课的主体参与程度，培养了合作交流的学习习惯，促进了学生思维的发展。

2. 构建了一种图表有效的课堂教学模式

首先，在研究的过程中，我们还探索出思维导图在小学六年级数学单元复习课中的课堂教学模式，简称"三段四环"教学模式并验证了思维导图与数学单元复习课相结合的可行性。同时积累了一批教学资源，包括六年级 6 个单元的复习课教学设计，可以作为老师今后教学的实际资源；还包括学习过程中形成的任务单、调查问卷、思维导图等，都可以用来作为进一步教学的有效资源。

其次，研究的成效也比较显著，主要体现在以下几方面：①激发学生的学习兴趣，提高学生自主梳理和建构知识的能力；②促进学生对概念理解，提高学生的自主学习能力；③拓宽学生视野，使学习方法多样化，培养了学生的数学眼光、数学语言、数学思维。

综上所述，本研究对翻转复习课的思维导图运用研究目的和内容清晰，研究思路清晰，研究过程扎实，研究成果和成效非常显著，具有很好的推广价值。

第二篇

基于三段四环的有效翻转
策略探究

翻转课堂以有效教学为一切教学行为的准则。"基于学生""基于学习""基于学情"是翻转课堂实施研究的起点，"基于思维能力""基于核心素养"是翻转课堂指向的目标，"基于兴趣"是培养积极主动的终身学习者。深度学习是翻转课堂教学要达成的学习者的学习状态，也是基于线上教学与信息化技术的应用，适当地化繁为简、化难为易、变抽象为形象、变杂乱为有条理，实施有效的教学策略，在翻转课堂过程中引导孩子们在线上深度学习。

　　基于学生的策略，即学生优先，这是翻转课堂教学的第一策略。教学的对象是人，作为学习者，不但是知识的接受者、能力的吸收者，更是思想与技术的应用者和创造者。因此，教学以人为本，一切以学习者为出发点，充分发挥人的主观能动性，学习的效果才能事半功倍。正所谓：知之者不如好之者，好之者不如乐之者。基于学生，会使学习产生无限动力；基于学生，才能更清晰思考学生所思所想，更好地践行助学、引导者的角色。

　　基于学情是翻转课堂明显区别于传统教学的重要标志。先学后教，这是翻转课堂的基本要求。因学而教，找到学习知识的起点，基于学生学习的实际情况设计学习活动，这样学习活动更有针对性、目的性，更具有探究的意义。对学生已有的生活经验和知识基础进行深入地调研，更有利于制定引导深度学习的目标与策略，我们一直在学习应用以学生为中心的策略。

以学为中心的"四学"线上教学策略探究

——构建莞式翻转课堂的"四学"模式案例

2017 年，课题组深入研究在线教育，充分利用线上资源进行教学探究活动。线上教育即远程在线教育，是指通过互联网、移动设备等传播媒体实施网络教学的教育形式。目前可用的教学资源和教学平台比较丰富，如国家中小学智慧教育平台、粤教翔云数字教材应用平台，东莞市资源平台等网络平台，东莞市名优师资资源"一师一优课，一课一名师"活动获奖课例等资源，利用钉钉直播、腾讯会议软件，这些都为开展线上教育教学工作提供了强大的支撑。怎样利用这些优秀的资源开展线上教学呢？如何提高线上教学的有效性？这些问题都是需要我们迫切解决的问题。

一、理论追本

为了解决上述问题，我们追本溯源。线上教育是什么？在线教学是以网络为介质的教学方式，通过网络，学习者与教师即使相隔千里也可以开展教学活动。此外，借助网络课件，学习者还可以随时随地进行学习，真正打破时间和空间的限制。根据线上教学的特点，我们进行了相关资料的学习研究商讨，学校组织全体教师开展"互联网＋教育"的网络培训，解决教师理论和技术方面的问题。

二、问卷溯源

"以生为本"是新课改的要求，线上教育也是如此。为了更好地做到"以生为本"，对我校全体学生（共 2549 名学生）进行了问卷调查，问卷包含学生喜欢的学习平台、学习程序、学习时间、学习方式、学习时长、学习资源、家长建议等问题，目的是了解学生的情况，根据学生的实际情况，设计更能满足学生需求的个性方案。

第一题　您所属的年级是？（单选题）

选项	小计	比例	
A. 一年级	453		18.08%
B. 二年级	509		20.31%
C. 三年级	478		19.07%
D. 四年级	353		14.09%
E. 五年级	358		14.29%
F. 六年级	355		14.17%
本题有效填写人次	2506	全部回收	

全校共收回 2506 份有效问卷。通过问卷，我们发现高年级有超过六成的孩子在家是独立地学习的，没有任何人监管和陪伴。高年级约 95.4% 的孩子、家长希望通过班级 QQ 群或者班级微信群推送资料学习，每天进行交流、反馈，这样时间易于掌控。在家长建议中，有超过八成的家长希望得到个性化的指导。

三、形成"乐思课堂四学"方案

课题实验组教师对工作室推进的线下教学乐思课堂"四环节"的教学模式日渐熟练，也已明确了"四环节"——"目标互知""问题驱动""迁移提升""效果反馈"的基本含义和操作要领。基于上述问卷调查结果，如果能够将线下教育与线上教育进行合理高效的衔接，就能让学生更好地适应线上教学，减轻学习的压力，提高学习效果，达到事半功倍的效果。因此，在对调查结果进行比对分析后，我们将居家学习期间的教学模式与学校原有的乐思课堂"四环节"的教学模式进行了对应，形成了我校高年段线上"乐思课堂四学"教学模式。

"乐思课堂四学"的教学模式是主要针对高年级的学生实施的教学模式，秉承"以生为本"的教学理念，分层指导，自主学习和组内学习交互，教师指引，家长协助，达到提高教学效果的目的。

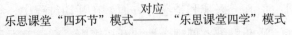

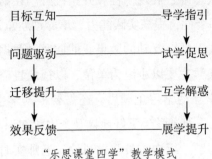

"乐思课堂四学"教学模式

1. 导学指引

导学指引的目的是让学生了解本节课的学习目标、学习环节、学习方法等。教师根据学生的能力水平，结合学生的自愿报名，将班级分为 ABCD 四个小组，按能力从高到低的顺序排序。教师依据学生的认知水平、知识经验，设计 ABCD 四个层次的导学案，以满足不同层次的学生的需求。

2. 试学促思

试学促思环节是教师在班级 QQ 群或者微课群推送 ABCD 四个能力层次的立体资源包供学生学习，资源包括导学案、微课、PPT、录课、慕课、趣味拓展等。学生根据自己的喜好和个人实际情况，选择适合自己能力层次的资源进行试学，记录问题，并尝试自行查阅资料解决问题。

为了吸引学生积极参与到试学中，教师除了设计适合学生能力水平的立体资源，让学生体会到成功的喜悦外，在内容的选择上也花了大量的心思，精心准备教学内容、精选学生感兴趣的教学素材进行制作，多用时尚、绚丽的动画效果吸引他们的眼球，激发他们学习的兴趣与探究的热情。

学生试学后将导学单中的学习单上传到东莞市资源教育平台上，通过资源教育平台反馈的真实数据，教师能及时了解学生掌握知识的情况，再根据该情况进行分析，选择合适的讨论主题，为下一环节的互学解惑做好充足的准备。

3. 互学解惑

众所周知，互动不是简单的教学程序，而是通过有意义的互动实现信息的交流、感情的沟通、能力的培养和人格的塑造。它是一种重要的活动，涉及学

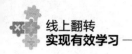
习者的学习动机、信心、兴趣和情感等方面。在互动过程中，学生不断地建构知识、提高技能、活跃思维、展现个性和开拓视野。在语言运用的同时，也不断地完善自己的人格和个性，提高实践能力，培养创新意识。

为了更好地提高线上教育互动的效果，前期通过数据反馈分析得出的讨论主题是非常重要的，互学主要以小组为单位，以视频直播、小组讨论等形式开展。教师精心设计教学互动学习主题后，还需要根据学生的特点和知识基础，引导学生积极参与讨论，促进学生更好地接受、内化知识与观点。

小组上传作业和问题、组内成员互批讨论，老师实时引导、视频互动、答疑解惑，通过交流推进知识的内化、迁移、提升，确保知识点的及时掌握。

4. 展学提升

展学即学生展示交流作业或者作品，在这个过程中取长补短，提炼充实学习的成果，质疑自己自学实践中的疑难困惑。教师要用赞赏的言语、欣赏的眼光、包容的心态去评价展示者行为表现，提高学生展示的信心和积极性。

小组互学后，学生把完成的作业或作品上传平台，学生、教师同时给上传作品评价或点赞，系统会自动生产每次学习后学生的掌握情况，收集集中错例给予二次反馈及错例的重点讲解。教师也可以及时掌握学生对知识点的学习及掌握情况。

为了让学生更好地参与到学习中，激励学生向前，在整个"四学"的过程中，我们邀请组员、教师、家长共同参与评价，评价的内容不光是知识的掌握，还包括参与度、态度、行为等方面。每周评选出优秀的学生、有进步的学生、乐于分享的学生等，给他们颁发奖状。

经历了一个月的时间，我们的教学模式取得了较好的效果。学生在线测评成绩与往年相比持平，为了更好地了解学校、教师关于线上教学的部署、资源统筹、资源应用、学习效果、家校共育等方面的工作举措与实施效果，我们面向全体家长开展了问卷调查。部分数据见下页表。

问卷调查部分数据

五年级	六年级

第6题 您觉得学校安排的学习时长合适吗?【五年级】

选项	小计	比例
A. 时间过长	19	5.31%
B. 时长适度	278	77.65%
C. 时长有点短	61	17.04%
本题有效填写人次	358	

第6题 您觉得学校安排的学习时长合适吗?【六年级】

选项	小计	比例
A 时间过长	9	2.54%
B. 时长适度	297	83.66%
C. 时长有点短	49	13.8%
本题有效填写人次	355	

第8题 您认为老师的线上教学活动内容丰富、形式生动吗?【五年级】

选项	小计	比例
A. 很好	207	57.8%
B. 一般	148	41.34%
C. 有待提高	3	0.8%
本题有效填写人次	358	

第8题 您认为老师的线上教学活动内容丰富、形式生动吗?【六年级】

选项	小计	比例
A. 很好	174	49.01%
B. 一般	171	48.17%
C. 有待提高	7	2.82%
本题有效填写人次	355	

第10题 您对学校线上教学工作满意吗?【五年级】

选项	小计	比例
A. 非常满意	136	37.98%
B. 满意	208	58.1%
C. 一般	7	3.92%
本题有效填写人次	358	

第10题 您对学校线上教学工作满意吗?【六年级】

选项	小计	比例
A. 非常满意	132	37.18%
B. 满意	219	61.69%
C. 一般	4	1.13%
本题有效填写人次	355	

　　从全校的数据可知,超过95%的家长和学生认为我校线上教学资源内容丰富、形式多样,也正是因为资源丰富多样有趣,我校高年段学生线上教学参与度高达100%,学生的满意度约为98.5%,家长的满意度为96.8%。这与老师在"四学"模式中合理分层次导学、精心挑选教学资源、合理整合教学内容、适当布置趣味作业、及时跟进反馈密不可分,也与我们巧力促学密不可分。除了内容巧选激趣、评价巧设激励之外,我们还极力邀请家长参与,我们给每位家长发了居家学习的倡议书争取家长的配合,学校公众号平台为家长提供了居家指导学生学习的方法,并通过电访的形式极力邀请家长参与整个活动环节,这样才更好地激活了"四学"线上学习模式的高效运作。同时,家长和孩子也给我们提出了很多的宝贵建议,如在开学后,是否可利用这种方式进行针对性指导等。

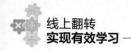
互动四环线上翻转的课堂有效策略探究

——以数学活动课"我是东莞抗疫数据调查员"为例

一、基于现实，问卷溯源

（一）缘起背景

2020 年的疫情改变了人们生活和工作的方式，也改变了学生学习的方式，从 2020 年 3 月开始，所有教师、学生在网上进行"教"与"学"，全体教师线上"大练兵"。实行线上教育，教师和学生空间分离，不能像传统课堂那样面对面地教学，教师难以即时观察了解学生的学习情况，师生之间难以即时互动，教师对教学的组织管理力度大大减弱，且大部分家长复工上班，学生在进行长时间的线上教育时很容易产生孤独感和学习疲劳，难以长时间维持学习的主动性。面对如此现实的新场景，用原有的认识经验和课堂教学逻辑进行在线教学，必定"事倍功半"且"事与愿违"。教育者必须重新出发。在线教学不应该是单纯的课件搬家和视频学习，能否持续激发学生的学习动机，提高线上学习的黏性，缓解学生的孤独感和学习疲劳，吸引学生完整地参与整个学习过程是线上教育成败的关键。

（二）问卷溯源

为了更好地了解影响学生线上学习黏性的主要因素（学习黏性具体表现为学习持续参与度与学习主动性），做到"以生为本"，重构教与学，我们利用问卷星对南城阳光第五小学全体共 2549 名学生进行了问卷调查，共收回有效问卷 2549 份，具体如下：

您认为影响线上学习持续参与度与主动性的主要因素？（多选）（   ）

A. 家长的督促【30%】   B. 学习的环境【42%】

C. 学习时间跨度【92%】   D. 学生自身的主动性【98%】

E. 学习资料丰富有趣【95%】   F. 及时与老师、同学交流互动【91.5%】

G. 及时有效地练习【87.5%】

从上面的数据可以看出"家长的督促"、"学习的环境"等家庭因素对线上学习参与度与主动性产生一定的影响，家庭因素不可控，教师努力的空间有限；"学习时间跨度""学生自身的主动性""学习资料丰富有趣""及时与教师、同学交流互动""及时有效地练习"是影响线上学习持续参与度与主动性的主要因素，其中"学习时间跨度"不可控，其他四项与学习者和学习过程相关，是可控性因素，教师可通过努力进行改善。

二、提炼模式，强化"互动"

基于现实背景和问卷分析，要提高线上学习的黏性，达成较好的学习效果，我们应从可控性因素入手，持续激发学生的"自身主动性"使其参与学习的全过程。那么，在线上教育师生时空分离的现实下，如何才能实现如上目标呢？我们找到的钥匙就是"强化互动"。学习的本质其实就是一个不断互动的过程，学生通过与学习内容的互动、师生互动、生生互动打破空间的限制，有利于知识的学习和缓解孤独感，促进学习的主动性，提高线上学习的黏性。

结合数学学科特点，我们把"互动"引入线上学习的全过程，尝试进行"目标定学—问题导学—互动引学—巩固评价的互动四环节教育模式"，通过共定目标明确学习目标，增强学生自主学习意识，通过问题驱动学生与教学资源进行互动，通过全班、分组、单独辅导进行充分的师生互动、生生互动来答疑解惑，最后巩固提升并通过网络平台进行互动评价。

三、践行模式，有效教学

我们在疫情期间通过"互动四环节"线上教育模式开展"我是东莞抗疫数据调查员"项目式学习。围绕疫情期间我市人员、物质、经济等方面进行数据的收集整理分析活动，提升学生收集数据、分析数据的能力，培养学生数据分析观念，具体从以下几个方面进行。

（一）师生互动，目标定学

我们认为目标明确程度与学习效率是呈正相关的，通过师生交流互动来制

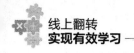
定教学目标更贴近学生的实际需求，得到学生认同的学习目标能持续激发学生的学习主动性，增强学习黏性，师生双方为达到同一目标而努力，高效教学才有可能实现。

1. 共定目标

一些数学课堂，我们经常会发现有教师提出这样的问题："看到这个课题，你想学习哪些知识？"其实这就是一个师生互动，共同确定学习目标的过程。在线上教育中，教师抛出学习主题，让学生说说根据主题想学什么知识，参与到教学目标的制定中来，使教学目标更贴近学生的实际需求。在线上教学中时刻围绕自己认同的目标开展学习活动，这会大大增强学生的学习黏性。

2. 明确目标

学生根据主题提出自己想学的知识，这时的目标往往是零散的且不完整的，需要教师引导整理细化，形成科学明确的学习目标，并把其公布，形成全体共识。

例如：我是东莞抗疫数据调查员。

3. 学习目标

（1）了解疫情期间东莞市人员、物资、经济等方面的数据变化，选择其中一个进行数据的收集整理，制成统计图表并进行分析。

（2）根据图表分析数据并提出自己的建议，增强防疫知识和培养家国情怀。

4. 学习重难点

选择疫情期间东莞市人员、物资、经济等其中一个方面进行数据的收集整理，制成统计图表并进行分析。

（二）资源互动，问题导学

教师根据学习内容提前录制好微课视频，给学生提供丰富有趣的学习探究素材，学生在家自主观看学习。在微课中，我们以"问题"的形式驱动学生与学习资源互动，引导学生记录所得和疑问，持续激发学生的求知欲和积极性，缓解其线上学习的孤独感，让学生达成自主而有质量的学习状态。其具体的视频学习步骤如下。

1. 问题导学

优质视频导学，问题驱动自学：观看视频后，让学生想探究疫情期间东莞市（人员 / 物资 / 经济 / 其他）方面的数据（自主选择其中的一个方面）。

2. 搜集数据

（1）学生整理通过微课收集的数据。

（2）学生整理通过网络搜索，特别是对公众号进行数据调查，了解到相关资料。

3. 分析与整理数据

学生对数据进行分析并交流发现。

学生将搜集到的数据和发现制作成剪贴报／统计图表／思维导图／手抄报／东莞抗疫数字海报。

（三）多维互动，答疑引学

学生通过共定目标，明确学习目标，通过问题导学掌握一定的学习内容，学有所得的同时也有所惑，处于心里想求通而又未通，想说又不知道怎么说的状态。"不愤不启，不悱不发"，教师应及时满足学生的学习和心理需求，通过网络平台及时组织学生交流反馈知识的重难点、互动答疑学习中的共性问题，并对学习有困难的学生进行个别辅导。通过多维互动促进师生、生生之间的沟通交流和思维碰撞，使知识内化，同时进一步缓解学生在线上学习的孤独情绪，增强学习黏性从而提高学习效率。

1. 全班主题讨论

学生学习完导学视频后，针对学习内容的重点，教师利用班级网络平台发布问题："观看了导学视频后，你学到了哪些知识呢？"学生根据教师发布的任务进行交流讨论。这里可以搭建"生成性交流"的平台，除了教师一对一或者一对多交互，师生之间还可以进行多对多的交互，引导师生、生生之间就知识的重难点进行充分讨论，让知识进一步清晰内化。

2. 分组互动答疑

教师通过网上平台，主动了解学生线上学习情况，支持学生自主学习，根据学生提问的共性问题，将学生分成几个学习小组，线上进行集中的解难答疑，帮助学生理解知识、提高能力，较好地掌握学习的内容，同时引导学生互问互答，让每个学生都成为问题提出者，也成为问题解决的参与者。这个环节除了采用直播或留言的答疑形式，教师也可以给学生制作推送一些资源或者是微课来进行释疑。

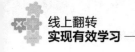
3. 个别辅导关怀

个别辅导就是因材施教，善待差异的过程。每个学生的学习情况都是不一样的，对于问题的理解和掌握程度也是不同的，兴奋点、疑难点也各不相同，教师可通过视频、留言、电话对学习困难的学生进行个别辅导。对于缺乏在线学习设备、家庭确有困难的学生，任课教师主动为学生提供学习条件，如指引观看电视课程教学，通过电话、短信等布置线下学习任务，指导学生合理安排学习。

（四）巩固提升，互动评学

学生经过学习视频资源和答疑解惑后，掌握了知识、解决了疑惑，这时需要及时适量地巩固练习，教师通过班级 QQ 群等线上平台布置适量的练习或任务，学生完成任务的同时，知识得到内化提升，最后进行自评、他评等多维的互动评价。

1. 内化提升

利用 QQ 作业平台、微信作业、爱作业 APP，充分发挥各自优势，针对不同学生的层次布置适量的分层练习，鼓励实践性作业，如动手操作、社会实践等，淡化学科边界，让学生灵活运用多学科知识解决问题。

2. 互动评价

评价是教学不可或缺的一个环节，线上教育注重过程性评价，以鼓励为主，通过网络平台采用文字、语音、等级评价等多种方式进行正向激励，可引进奖励性机制，如"集 A 大比拼"等。同时鼓励学生自评、组内互评、家长点评等。教师对任务完成过程中出现的问题及时提出合理性建议，帮助学生树立信心、解决问题。

四、结论与反思

小学数学"互动四环节"线上教学模式在实验班级落实教学实践研究，其强化"互动"重构了教与学，把单纯的观看视频线上教学模式转变为教师引导—学生自主—师生互动的模式。在此期间，我们利用问卷星在学校一至六年级各抽取一个班共计 283 名学生，针对数学"互动四环节"教学线上学习黏性和线上教学效果进行了调查问卷，收到有效问卷 283 份，结果显示 88% 的家长和学生认为其数学线上学习参与度和主动性"高"或"较高"（线上学习黏性主要体现在学习持续参与度和主动性上）。86% 的家长和学生认为学生线上学习效果"很好"或"比较好"，学习黏性与学习效果呈正相关。

对比数据

	高	较高	一般	低
数学线上学习，孩子的参与度和主动性如何？	56%	32%	9%	3%
数学线上学习，孩子学习效果如何？	效果很好	效果比较好	效果一般	没有效果
	65%	21%	12%	2%

通过问卷，可以发现小学数学"互动四环节"线上教育模式在实践中的运用收到了较好的效果，把"互动"贯穿到了学习的全过程，有效地提高了学习黏性，缓解了学生线上学习的孤独感，对培养学生自主学习能力、合作交流能力以及对数学知识本身的习得、数学素养的提升都起到了良好的作用。同时，在实施的过程中，我们也对线上教育有几点思考与认识：

（1）开展线上教育，师生处于网络的两端，不能像普通课堂那样面对面地交流互动，这是一种前所未有的情况，但无论何种情况，教师依然是教学的组织者、主导者，是学习过程中不可或缺的因素，不能被排除出去，学校也不能被网络平台所代替。

（2）整个疫情期间几乎所有学科都进行了在线教育。这种大规模的实践可以说是史无前例。随着疫情平稳，这样的情况应不是未来教学的常态。但随着信息技术进一步发展及教学手段的创新，人们的观念已经发生改变，我们再也不会回到过去了。未来依托信息技术的在线教育定会融入到日常教育教学中去。

（3）在线教学与课堂教学面临的条件环境不同，一个是基于网络平台的教学答疑，一个是面对面地授课交流。但其遵循的教育教学规律应是一致的，学生始终是学习的主体，有效的在线教育应该把注意力放到教与学这两个环节的重构中，努力增强互动，提高学习黏性。学习的发生、知识的形成不仅仅限于教师的讲授，还可以通过与教学资源的互动、班级群组的讨论交流、巩固练习后的互动评价来获得。

教学因疫情而改变。这个是教学的变革过程，线上翻转让学习更深入。无论"互动四环节"或是其他的线上教育模式，都必须尊重学生的学习中心地位，充分调动其学习自主性，提供丰富有趣的学习资源，进行充分的师生互动、生生互动，让学生深度认识、深度参与，形成完整连续的互动学习过程，达成真正有效的教学。

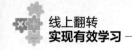
基于学情的线上教学重构有效策略探究

——以四年级数学下册乘法分配律一课线上教学为例

从 2016 年到 2019 年，东莞市罗伟杰名师工作室经过三年的认真研磨，探索出了"课前导学—课中引学—课后辅学"的小学数学翻转课堂"三段四环"教学模式，实现了信息技术与数学教学的深度融合。线上学习由于学习环境的变化，学生将会缺少教师的直接关注和同伴的行为参照，驱动方式也由教师的现场组织转变为学习任务驱动。

如何把原来的线上与线下相结合的翻转课堂教学模式调整为纯在线翻转的教学模式呢？我们采取"线上翻转"的操作，这与我们研究的"三段四环"翻转课堂教学模式不谋而合，是线上教学重构学习流程，利用线上学习的优势实现翻转课堂的模式。我们对教学重新定位，重新挖掘数据、研究学情、推荐资源、引领讨论，尝试在教学资源、教学流程、评价方式等方面进行重构，让教师远程的教能够有效地触动学生的学。下面以乘法分配律一课的在线教学为例，具体阐述笔者如何通过多方面地重构来落实"三段四环"数学课堂模式的在线翻转。

一、重组教学资源，优化学习内容

从常态翻转向在线翻转迁移，资源的选择至关重要。课程设计，资源的运用、推送和呈现成为关键。在疫情期间，各级教育主管部门和各大培训机构纷纷响应国家的号召，推出了各式各样教学资源，有的资源在内容的选择、重点和难点的把握以及突破方面有着专业的水平，但也存在着良莠不齐的情况，老师必须帮助学生加以甄别、筛选、过滤和补充。对于一些特别难掌握的章节也可以灵活切分、整合，进一步优化学习内容，夯实在线翻转的基础。

（一）协作教研，遴选优质资源

为了实现资源的多渠道积累和遴选，我们组织备课组教师实行了协作教研的集体备课方式，借助百度智慧课堂、东莞市教育资源公共服务平台、网络学习空间等网络平台，通过个人搜索、阅读，集体整合、创新等流程，对现有的教学资源进行有效的遴选。

例如：在进行乘法分配律一课的协作备课时，主备老师在相关平台上找到相应的教学设计、课件和优课等教学资源进行整合，发到备课组的钉钉群，发起协同备课。

备课组的钉钉群

协作备课老师们在规定时间内，下载主备教师上传的相关资源，再结合自己搜索到的资源，对教学设计进行整合创新。每天在规定的时间里，备课组的全体成员集体上线，参加线上集体教研，由主备教师组织大家先分享各自收集的资源，再根据学生的具体情况进行筛选，接着再针对网络教学可能出现的各种情况进行预判，研讨解决方案，从而为学生遴选出最优质的资料。

（二）自主创制，补充必要资源

线上教学是个新的课题，现有的线上教学资源绝大多数是原来线下教学的思路，关注的是知识点和操作点的提炼，主要是帮助教师的"教"，很少帮助学生的"学"。这样，针对学生在学习中遇到一些重难点问题就很难从中提取和整合，需要教师们自主创制，进行适当补充。

在乘法分配律一课中，为了给学生提供更丰富的支架性资料来突破重难点，笔者根据以往教学经验，预设了学生在学习中可能出现的问题，自主创制了乘法分配律学习指导、练习讲解微课、类型题讲解微课（2个）、"图片＋文字"的错题分析等资料，以模块的形式推送给学生，供学生根据自身需求选取。

（三）合理整合 灵活配置资源

线上学习虽然可以解决居家学习的问题，但是每科每天只有 20 分钟的学习时间，而且学生的接受能力参差不齐，因此学习的节奏不能太快。对于一些特别难的章节，可以根据学生的具体情况和所学习内容的难易程度将教学资源重组，灵活配置。

  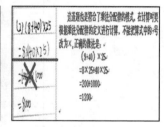

学习指引　　　　　　　类型题讲解　　　　　　　错题分析

线上学习

通过错题分析，笔者清楚地知道学生不仅对于乘法分配律概念中的"分别相乘再相加"难以理解，而且对于如 $99 \times 852 + 99$、72×125、99×723 这样的变式题更是一筹莫展。为此，笔者在线上教学时，放慢教学节奏，根据课程设计，细化学习内容，重新配置各种教学资源，将本节课的所有资源切分为三个课时推送给学生，更好地突破了本节课的重难点。

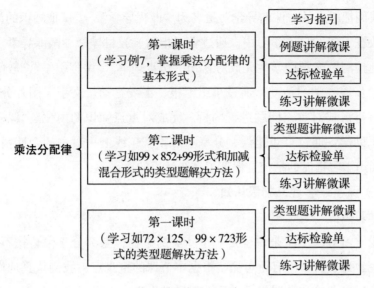

乘法分配律课程设计

二、重构教学流程，转换教学重心

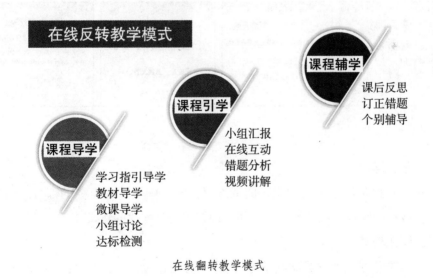

在线翻转教学模式

在线翻转是由固定时空转向跨越时空的教学样态，绝对不能把常态的翻转课堂教学模式全盘照搬。经过研讨，我们研究小组结合班上有部分学生不能长时间进行同步在线学习的情况和学校的课程安排，进行了教学模式整合和流程重构。我们把原来的"课前导学"更名为"课程导学"，尝试把知识的认知和探究过程放在上午的自主学习中，通过学习指引、教材导学、微课导学、小组讨论及达标检测题来帮助学生完成对新知的初步理解。"课程引学"，教师线上引导学生同步探究学习活动，通过小组汇报、在线互动、文字＋图片分析错因、视频讲解等形式对重点问题进行剖析，完成对重点知识的内化。"课程辅学"，实行反思助学，通过订正错误、分享学习收获、线上一对一的个性精准辅导，实现对知识学习程度的把控，保证了在线学习的质量。

（一）课程导学 建立初级认知

1. 学习指引

在线学习对于学生来说也是一个新鲜的事物，有部分学生会找不到方向，无从下手。为了让学生有章可循，根据本节课的重难点，我们认真地设计学习指引，通过导学单和微课指导学生，引导学生有序地进行自主学习。有了学习指引明确指示、微课导学、学习导学单的定向任务，学生在线上就有目标和方向。

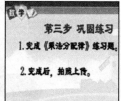

学习指引

2. 教材导学

学生根据学习指引的要求，阅读教材文本、画下一些重要的部分或语句，尝试把教材例题补充和解答完整，初步理解乘法分配律的意义。

3. 微课导学

学生带着阅读教材或阅读学习指引时遇到的问题，通过各种学习渠道，如电视、QQ 群、南方＋等观看微课或教学视频，跟随授课教师的节奏，完成对乘法分配律的初级认知。

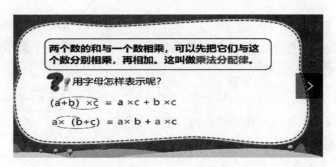

乘法分配律的初级认知教学

4. 交流导学

学生独立完成了初步的自学任务后，组长在约定的时间里组织小组的同学进行线上学习回顾，线上交流自学成果并讨论在自学过程中遇到的疑难问题。

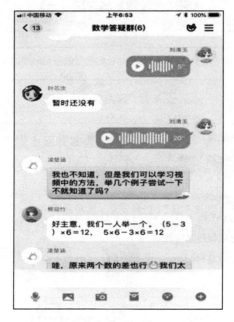

线上学习回顾

组长：同学们，对于今天要学习的内容你们有没有不懂的地方？

生 1：暂时还没有。

组长：好吧，那我说说我的问题，大家跟我分析一下。两个数的和与一个数相乘可以先把这两个数与这个数分别相乘再相加，如果是两个数的差与一个

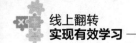

线上翻转
实现有效学习

数相乘，那是不是也可以先把它们与这个数分别相乘再相减呢？

生2：我也不知道，但是我们学习视频中的方法，举几个例子尝试一下不就知道了吗？

生3：好主意，我们一人举一个。（5－3）×6=12，5×6－3×6=12。

生2：啊，原来两个数的差也行。我们太聪明了！

5.检测导学

通过阅读教材、观看视频、小组互动，学生对于乘法分配律的意义有了一定的理解，基本掌握了乘法分配律的基本模式。为了检查他们自主学习的情况，笔者要求学生完成达标检测题，并线上上传到指定文件夹中，以及时掌握学生学情，为引学探究做好准备。

《乘法分配律》练习题（一）

姓名：＿＿＿＿＿　班别：＿＿＿＿＿　学号：＿＿＿＿＿

—— 学一学 ——

1. 乘法分配律：两个数的和与一个数相乘，可以先把它们与这个数分别相乘再相加。用字母表示为：

(a+b)×c=a×c+b×c　或　a×(b+c)=a×b+a×c

2. 知识连接
125×8=1000　　25×8=200　　25×4=100
85=85×1　　96=96×1　　A=A×1

—— 练一练 ——

1. 根据乘法分配律，先根据例子画一画再填空。

2. （1）4×（20+25）=4×（　　）＋4×（　　）

（2）25×（8+4）＝（　　）×（　　）＋（　　）×（　　）

（3）26×35+26×465＝（　　）×（＿＿＿＋＿＿＿）

（4）73×29+21×73＝（＿＿＿＋＿＿＿）×（　　）

2. 下面各题怎样简便怎样算。

（1）8×（125+40）　　　　（2）（8+40）×25

（3）49×321+79×49　　　　（4）87×54+54×13

（5）62×77+62×9+62×14　　　　（6）94×35+94×64+94

检测题

62

从检测答题反馈中，笔者发现学生对"分别相乘再相加"等词语的理解还不到位，变式题的正确率非常低，因此决定把答疑的重点放在对"分别"一词的理解上，直观演示如何分别相乘再相加，帮助学生深度理解乘法分配律的意义。

（二）课程引学，聚焦难点突破

1. 在线互动 解决疑难问题

根据学校的课程安排，每天下午各班都有一个固定的线上答疑时间，笔者借助 QQ 组织班上的学生进行在线答疑，首先请各小组长汇报小组的自学情况和提出存在的问题，再组织学生们进行有针对性的在线答疑，帮助学生梳理本节课的知识，从而深化他们对乘法分配律意义的理解。

组长1：我们小组的同学在自学的时候知道了怎样用字母表示乘法分配律，而且在讨论的时候我们通过举例子的方法知道了：两个数的差与一个数相乘，也可以先把它们与这个数分别相乘再相减。但是对于练习题中的最后一道题我们还不是很理解。

组长2：我们小组的同学基本上能把检测题做出来，但是小宇对于最后两道题的做法还不是很清楚，特别是最后一道题，他想不出来可以将 94 转化成 94×1 的形式。

两个数的和与一个数相乘，可以先把它们与这个数分别相乘，再相加。这叫做乘法分配律。

$$(a+b) \times c = a \times b + b \times c$$

$$a \times (b+c) = a \times b + a \times c$$

小组长汇报摘　　　　　　　　　　教师梳理知识

小组长汇报与教师梳理知识

2. 图片 + 文字分析错题成因

笔者在批改作业的时候，收集学生的典型错题，通过图片配文字的形式直观地给学生分析错因，指出要注意的地方，从而帮助学生内化乘法分配律的意义。

3. 微课讲解落实解题方法

有部分学生虽然完成了达标检测题，但只是依葫芦画瓢，对解答这类题目的方法却是一知半解。笔者通过录制讲解微课，直观演示和强调，帮助学生突破难点。

例如，在录制 $94 \times 35 + 94 \times 64 + 94$ 一题讲解视频时，我是从如何在不改变

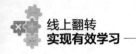
94 大小的情况下把它转化成一个含有因数 94 的乘法算式开始，一步一步地细化讲解，直观地展现此类题型的解题方法。

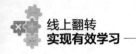

视频讲解题

4. 释疑互动解决个体问题

学生看完错题分析和练习讲解视频后，如果还有不懂的，私聊老师，进行一对一互动。老师通过个性解答，帮助学生进一步内化知识。

（三）课程辅学，实现精准辅导

1. 课后反思实现知识内化

答疑过后，要求学生根据自己的层次水平，把当天线上学习的过程、学习方法以及收获写成反思或录制视频上传到 QQ 学习小组，跟组员一起分享，加深对知识的理解。

2. 二次批改落实全员订正

在答疑结束后，学生根据老师的分析与讲解，对错题进行订正并重新上传，老师进行二次批改和再次反馈。

3. 单独沟通实现个别辅导

一些理解能力比较弱的学生，尽管有文字分析、视频讲解，但是他们仍然不能理解，甚至多次订正也无法改正错题。针对这种情况，笔者通过语音或电话等方式单独沟通，有针对性地进行单独辅导。

三、多元评价，保持学习热情

网络是把双刃剑，学生的年龄比较小，自控能力比较弱，有部分学生在线学习时，经不起网络的诱惑，出现不认真或欺骗家长的情况，也有部分学生在学习时不能持之以恒，慢慢地出现倦怠的情况。针对这种情况，笔者改变了原来的评价方式，采取多元评价的方式激励学生，让他们保持学习的热情，并取得了比较好的效果。

（一）即时评价，注重定性分析

即时评价，有助于老师对教学的管理和促进。为了更好地帮助学生调整和控制在线学习的后劲，学生在线提交作业后笔者会及时批改，对每名学生的错题进行分析并指导学生进行二次修订。例如，有的学生对概念理解不透彻，笔者会给其上传的作业标注"要注意读懂乘法分配律的意思，是一个数乘两个加数的和而非乘两个因数的积"。又如，（a+b）×c=？指出相同因数是 c，要用 c 分别去乘 a 和 b。

（二）过程评价，引导持续发展

在刚开始线上学习的前两周，学生学习的积极性非常高，但慢慢就出现倦怠的情况，为了促进学生持续性的热情，笔者每天以"奖状"的形式对一些作业做得比较好的同学进行表扬，还根据学生的年龄特点和学习流程设计了线上学习的评价表，以使学生保持线上学习热情。

线上教学给学生颁发的奖状

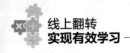

（三）个性评价，激起学习欲望

在线教学的这段时间里，老师们最头痛的是个别不自觉的学生在家长监督不到位的情况下，经不起网络的诱惑，经常不写作业。笔者班上的小金就是一个典型的例子，他要么不交作业、要么"鬼画符"、要么作业错误百出。笔者通过电话沟通、作业留言等方式用感化—激励—督促三步骤对他进行了个性评价，从而激发起他的学习欲望，实现成功转化。

1.电话沟通——期待和感化

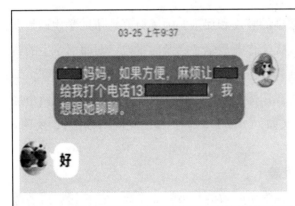

师：小金，你好，老师好想念你！在家上网课，你能听懂吗？
金：基本能听懂。
师：能听懂就好，如果遇到不懂的问题可以随时在线跟老师沟通。
金：好的，谢谢老师！
师：小金，上学期你表现得很棒，每次作业都能准时上交，而且书写也漂亮，老师很期待能再次看到这次的作业可以吗？
金：可以。
师：老师相信你一定能做到。

电话沟通

2.作业留言——及时激励和督促

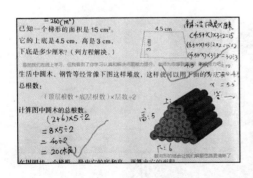
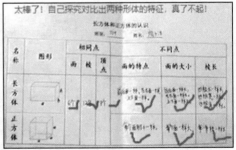

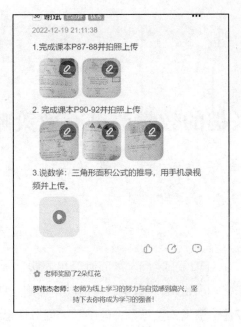

线上作业留言

之后，小金同学的作业虽然不是最好的，但比起之前有了明显进步，这也是个性化评价的功劳。

在线翻转既是应对疫情的短期行为，也是一场长期的教学改革。这种经过学习流程重构的在线翻转教学模式遵循了小学生的认知特点，充分发挥了网络空间的优势，保证了线上教学的质量。

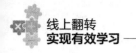
基于兴趣的教学改进有效策略探究

——五年级学生对数学学习兴趣的调查研究

俗话说"兴趣是最好的老师"，大量的研究也表明学习兴趣与学习效果之间呈正相关。数学课程标准指出："数学教学活动，特别是课堂教学应激发学生兴趣，调动学生积极性，引发学生思考，鼓励学生创造性思维。"由此可见培养数学学习兴趣的重要性。翻转课堂的推进从研究学生方面又上升一个层次。教学要能吸引学生的关注成为一个重要的话题。五年级学生已经是高年段的学生，经过四年的小学数学素养培养，他们的数学学习兴趣如何呢？我们课题组采用了问卷调研分析的方法清晰地整理出对刺激数学学习兴趣的有效策略。

一、问题及原因分析

（一）数据来源

为了真实地了解五年级学生数学学习兴趣的现状，采取访谈、数学日记及问卷调查相结合的方式对五年级学生进行调查。

课题组成员对实验对照的两个班级（共88人）布置数学日记（两个班从五年级起每两周都要写一篇数学日记，日记内容根据教学情况而定），日记主题：你喜欢数学吗？为什么？日记内容家长不可查看，因此学生能畅所欲言，很真实。日记共回收83本，其中有39名学生明确表示喜欢数学，28名学生表示一半喜欢一半不喜欢，还有16人明确表示不喜欢数学。依据数学日记内容，课题组单独访谈20名学生，根据他们提到的内容，参考已有的研究成果，编制《小学数学学习兴趣调查问卷》，随机调查五年级的300名学生（五年级共355人），回收问卷295张，回收率为98.3%，其中有效问卷269张，有效率89.7%。

（二）数据分析

问卷中与学生学习兴趣有关的题目共 8 题。这 8 题采用李克特四点计分制设计选项，根据题目设定四个不同程度的选项，如 A. 非常符合，B. 比较符合，C. 有点符合，D. 完全不符。对有效问卷数学学习兴趣程度做综合性分析，发现五年级学生对数学学习感兴趣的人数占全体人数的 59.8%，不感兴趣的占 40.2%。也就是说，约有 150 名五年级学生在对数学学习没有兴趣甚至讨厌的情况下不得不进行数学学习。

（三）原因分析

下图是调查问卷有关数学学习兴趣影响因素的统计图。问卷从两方面设计选项，分别是学校因素和社会因素。学校因素包括老师上课的方式、作业设计、测验成绩；社会因素包括教材编写、父母的态度、自身喜好。下图呈现的结果是，选学校因素的共有 174 人，占总人数的 60%；选社会因素的共有 95 人，占总人数的 40%。其中教师上课方式和测验成绩成了影响学生数学学习兴趣的主要因素，也就是说，培养学生数学学习兴趣关键在于学校。

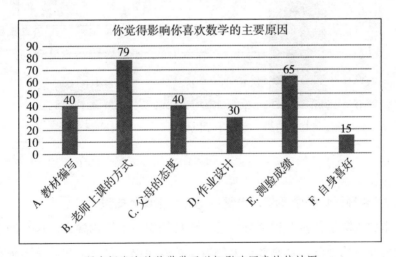

调查问卷有关数学学习兴趣影响因素的统计图

二、改进措施

从前文的数据分析可以看出，要提升五年级学生数学学习兴趣，不仅要强化已经感兴趣的学生，还要激发那些对数学不感兴趣的学生。自身从小就不喜欢数学的只有 15 人，因此，绝大部分学生还是能通过日常的教学培养对数学的学习兴趣。作为教师，可以从以下几方面进行改进。

（一）课堂要与时俱进，适当使用现代教育技术

随着科技的飞速发展，教学方式也发生了质的改变。学生接触现代技术显现低龄化，因此在课堂上适当使用现代教育技术能提高学生的学习兴趣。下图的统计表也说明了这一点。目前最为普及的软件有制作多媒体课件的 PowerPoint，除此之外还有动态几何，几何画板、超级画板等，这些软件都能让数学"动起来"。小学生处于思维活跃、活泼好动的年龄，有趣的动画效果、直观的色彩图片能给学生带来学习上的刺激，激发学生学习的兴趣，从而引发其思考。

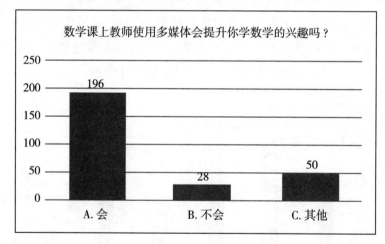

统计表

（二）合理设计教学环节，课堂中适时引用课外知识

课堂教学除了传授知识之外，还应该把知识与生活相融合，这有助于帮助学生理解和应用数学。现有教材上的数学拓展知识主要是一些数学历史和数学未解之谜等，数学趣味性的故事和脑筋急转弯型的数学趣味题较少。因此教师可以在日常阅读中积累相关素材，适时地应用到课堂上，让学生对所学知识产生探究的欲望，从而有利于学生在听课的时候更加专注于所学知识。下图说明有 84% 的学生在课堂上听到一些课外知识时会更关注课堂，因此课堂上增加课外知识也可以作为调节课堂的重要手段。

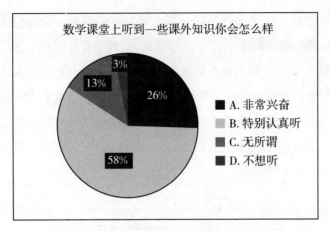

学生对课外知识的态度统计图

此外，课堂环节的设计上也应多样化，下图表明学生在课堂上更希望做学习的主人，能尽可能地参与到课堂中。因此教师在设计教学环节时，应以学生为主，让尽可能多的学生参与到课堂教学中。教师少说，学生多说多动手，让学生感受数学的乐趣。

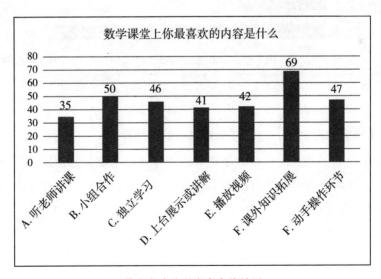

学生喜欢的课堂内容统计图

（三）开发数学魔术或数学游戏的校本课程

从下图来看，魔术与游戏是绝大部分学生感兴趣的内容，教师可以借助数

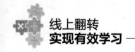

学魔术和数学游戏，引导那些对数学不太感兴趣的学生，让他们感受数学的魅力。有很多不喜欢数学的学生在日记都写道："数学有什么用？出门买菜用不着当场列算式吧？上学也用不着小数点啊！难道我们在水壶里装水还要量多少毫升吗？当然不是！我们直接倒满就可以了啊。"因此，借助数学知识解读学生喜欢的魔术与游戏，让他们知道数学无处不在，它不只是在课本、试卷上，还在我们生活中，学好数学是为生活服务，是让我们生活得更好、更便利，从而实现学生数学学习兴趣的激发。

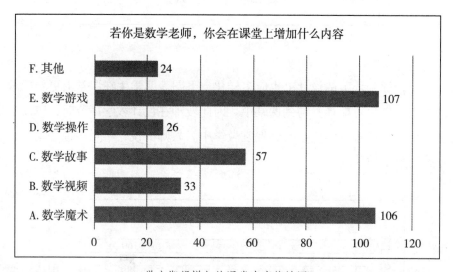

学生期望增加的课堂内容统计图

（四）丰富作业内涵，设计多学科融合的数学作业

数学作业除了能强化学习效果之外，还有另一个重要的作用是激发学生的学习兴趣。在两个班的数学日记中都有学生明确地表示因数学作业而对数学感兴趣。同学一："我对数学一般般，有时喜欢，有时讨厌，因为有时候太难了，我听不懂，就会发呆。不过有时候喜欢，比如'位置'一课，又可以画画又简单，非常有趣，我喜欢。"同学二："一般吧！有时喜欢，有时不喜欢。像学统计表和位置时，我觉得非常有趣啊！"这两个同学提到的位置和统计图，笔者都曾布置过这样的作业：利用这个知识，根据自己的创意画一幅图。而统计表就是根据给出的数据自己设计一张统计图并在图上配上画面以说明统计图的变化。另外，下图中的问卷调查的结果也反映出学生所期待的数学作业类型。

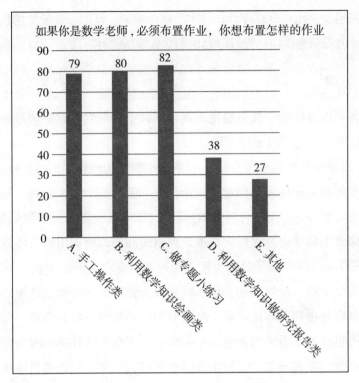

学生关于作业的看法统计图

（五）明确测验的鼓励作用，提供学数学的成功体验

测验是评价学生的重要手段，但测验的作用应该是检查学生学习成果及鼓励。从"你觉得影响你喜欢数学的主要原因"统计图可以看到，测验成绩成为影响学生数学兴趣的第二大影响因素。学生的日记中也常提到测验与兴趣之间的联系。如同学三："每当我看到老师、父母那殷切的目光时，面对那一张张分数极低的卷子，我就感到特别内疚。导致每次考差时都要大哭一场。"同学四："我不喜欢数学。因为我的分数不高，被妈妈说，所以我对数学彻底没有了兴趣。"同学五："因为以前我不会数学，我又听不懂，考试完成绩又很差，回到家又要被爸爸教育，而且爸爸一生气血压就升高，所以我一点也不喜欢数学。"同学六："我一时喜欢，一时不喜欢。因为在以前，数学相对来说简单很多。从二年级下学期开始我的数学成绩就有点下降了，但不算很明显，一直到了四年级，我感觉就很明显了，一般在80多，上90很少。所以，我总被妈妈骂，对数学就没有了信心。"这四个同学都明确表示因为数学成绩而不喜欢数学，也提不

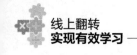

起学习的兴趣。因此，测验应紧扣课本，减少难题、怪题，让学生能从测验中体验学习数学的成功感，由此慢慢激起他们对数学的兴趣。

三、效果

通过各种改进措施，课题组发现调研的两个班学生的数学学习兴趣逐渐提升，其中比较明显的有以下几方面。

（一）数学学习兴趣在逐步提升，感受到数学的乐趣

学生对课堂的期待是他们对这门课程感兴趣的一个重要表现。笔者发现两个班的学生对数学课比以往有更高的期待，如果有空堂需要语数英调节上课，他们更加愿意上数学课。课后学生也会抓紧时间询问听不明白的部分，自主性也明显加强了。学生的数学日记也记录着他们的变化。小明同学："你喜欢数学吗？假如说有十成，我给八成，有三成是因为觉得数学好玩，有趣；有二成作业少，平时作业写到七八点，第一个写完的就是数学，只有两项；三成上课时有一个可以自己独立思考的空间。"小李同学："我喜欢数学，因为我觉得数学很有趣很好玩。我在一、二、三年级时非常讨厌数学，但现在我喜欢数学，数学的计算和解决问题很有趣，有各种方式各种公式计算，解决问题的一些问题既简便又有趣，我是非常喜欢数学的，我学数学几乎像玩一样，不会很麻烦，我是真的喜欢数学。"

（二）课堂的听课率提高并能举一反三

改进后的课堂，学生的主体地位得到提升，课堂参与度更广，学生出现走神的情况得到改善。改善后每节课都会适时安排学生上台展示、小组合作或做小老师的机会。每当这样的机会出现，学生都会特别兴奋和认真。这样的课堂学生也往往会感叹："这么快就下课了？"比如，在教小数除法，把被除数除到有余数在被除数上加小数点补零继续除；除数扩大多少被除数也扩大多少，被除数位数不够补零，两种题型给到学生。首先，让他们独立完成后四人小组讨论这两个竖式计算的相同与不同之处。学生不仅发现两者的异同，还归纳出做小数除法时需要注意的地方。

下面两图是笔者教的两个班学生课堂改进前和改进后的两次统计，虽然学生走神的情况没有大的改变，但是经常走神从12%下降到8%，一直没走神从13%上升到17%，两个都有些许改变。若这样的课堂持之以恒，相信变化会在

潜移默化中发生。

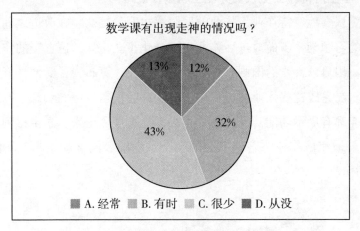

统计图——课堂改进前

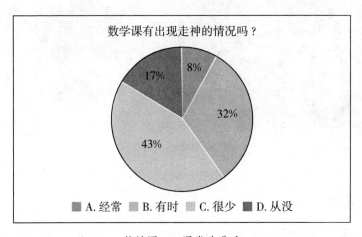

统计图——课堂改进后

（三）学生能自主地查阅与数学相关的书籍或资料

在日常的课堂上增加了课外知识，不仅提高了学生学数学的兴趣，还使学生课后更主动地查阅资料。例如，在上小数乘法时，说到乘法中点对小数点位置的重要性时，增加了数学真实事件"小数点的悲剧"，学生听得很认真，因为课上图片比较小，课后满怀好奇心的学生自主地在网络上查找这个真实事件，还告诉我在查阅这个故事的时候发现有个类似的故事：在美国有个老奶奶住院后结账时，由于收银员看错小数点把金额扩大了十倍，活生生地把有心脏病的老奶奶吓死了。

（四）学生对待作业更认真并能主动解决疑难问题

学生更认真地对待作业，作业的回收率也明显提高。在改进之前，作业是以练习册的习题为主，而改进后作业更多样化了。比如"位置"的作业是利用数对设计一幅自己喜欢的图画；小数乘法的简便计算布置了简便计算分层级的专项练习。在完成这些作业的过程中，学生都能根据自己的创意进行发挥，由于这些作业都有展示功能，因此优秀作品都能被展示出来，学生得到鼓励，能更主动认真地完成作业，遇到不会的也会主动请教同学和老师。下图是学生"位置"的作业。

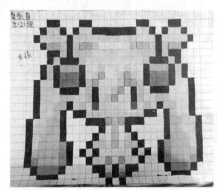

学生"位置"作业

四、反思

赫尔巴特将教学过程视为培养兴趣的过程，同时，他认为"使人厌倦是教学最大的罪恶"。在学校里，教师不仅要把兴趣作为教学手段，而且要把兴趣作为教学的基本目的，这也是落实《义务教育数学课程标准（2022年版）》的基本要求。

在日常的教学中，这就要求教师在数学教学活动过程中采取适当的措施和手段，无论是从课程的制定还是到具体的课堂实施、课后的作业布置及测验，教师都应该对学生数学学习的兴趣从总体上进行把握，了解学生的兴趣所在，做到因材施教，使学生由"被迫地学"转变为"主动地学"。学生的学习兴趣培养起来了，学习积极性及学习质量也会随之改变。

第三篇

小学数学翻转课堂有效策略创新案例

党的十九大报告提出：创新是引领发展的第一动力！教育的创新源于思想理念的变革，只有思想理念创新了，行动才会随着改变。我们认为小学数学课堂翻转的基础是思想理念的革新，用"以学为中心"的理念指导我们的课堂翻转行动。"三段四环"翻转课堂教学模式呈现了一个立体教学空间，真正让学生学习行为发生，让学生会学习、爱学习、乐学习。翻转让课堂教学创新得以实施，使创新的火花不断壮大并得以燎原！

　　基于"三段四环"翻转课堂教学模式推广实践，我们采取了不同的策略实施探究，有借力爱学平台的线上策略、小组合作策略，也有基于学情的建构抽象思维策略等，做到一课一个创新策略，力求让教学翻转模式策略新而实、华而不虚，更好地为课题研究探索积累和总结经验。

　　对于创新案例，我们做到尽可能深入研究和反复论证，做好一个案例总结一个策略经验！经过三年多的实践，一个个成熟的策略案例不断产生，课题组的研究也有了可以对比的参考案例。正如鲁迅所说：世上本没有路，人走多了就成了路！我们的探究正是这样边摸索边前进，最终形成了有效的翻转教学策略的创新案例。

借力"爱学"线上融合策略的案例研究

——"图形的旋转"教学实践与思考

随着翻转课堂"三段四环"模式的研究工作逐步走向深入，在日常教学中，"三段四环"已经扩展融合到常规的工作中。课前、课中、课后三大环节的翻转应用，属于初步探索，我跟着工作室培训老师和同行们一起学习，学以致用，也有了一些收获。结合我的学习，本学期总结以课例的形式呈现，总结一些教学实施过程中的心得。

一、巧用"爱学"软件，构建"学习共同体"

学习图形的旋转，首先要了解旋转的三要素。在众多教学设计中，新授课伊始都是借助钟面来认识旋转的三要素。通过学生的前测，我们发现学生对于旋转三要素是具有生活经验和前期学习基础的，学生自学难度不大，我们完全可以让学生在家自主学习，从而节省课堂上的认知时间。因此，我们打破常规，尝试利用"翻转课堂"的教学模式，将旋转三要素的学习制作成微视频放到"爱学"软件上，供学生自学。

针对学生前测中出现的问题，我们制作微课时安排了讲解"钟摆、秋千"这样的现象是不是旋转的问题，让学生对旋转的概念有了更加完整的理解。以往学生在家看书自学后完成导学单，教师通过查看学生导学单的完成情况展开教学。整个过程中，学生与学生之间、学生与教师之间的互动不够，缺少共学、思维的碰撞。教师觉得效率不高，耗费时间。现在，信息技术改变了学生学习的方式，实现了师生跨越时空的交流。我们根据前测有针对性地制作了视频供学生在家学习。这种集声、文、图、像于一体的视频，形象生动且更具有吸引

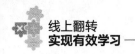
力。学生观看视频自学后，将完成情况拍照上传到"爱学"软件讨论组，然后学生之间可以互相查看，互相点评，并给自己认为完成好的同学点赞。

整个过程中，老师也可以参与其中。老师除了点评点赞外，还可以给完成好的学生设置"精华贴"。学生在经历"自学—互学—互评"的过程中，对旋转三要素有了新的认识，对如何描述旋转过程也有了不同的想法，在交流中再次获得新的认知，取长补短。这种方式的互动，也减轻了老师统计的负担。老师可以通过"爱学"软件点赞数据的统计，快速地了解学生的思维动向，制定符合学情的教学设计。

我们明显地感觉到，信息技术的运用为学生创造了一个宽阔的自学时空，真正实现了学生与学生、学生与老师跨越时空交流，实现自由讨论式的协同学习，使我们的课前学习更加富有活力和感染力，更能激发学生的求知欲。

二、借力"爱学派"软件，及时有效巩固

基于四套教材的对比，我们在基础练习巩固环节最终选用了3道练习题，其中有1道选自苏教版，1道选自人教版，1道自编题。

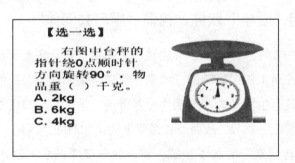

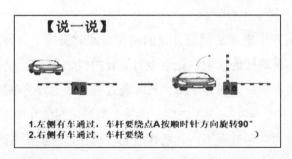

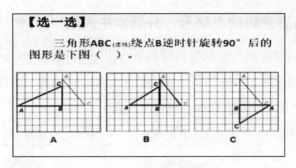

练习题

我们思考，传统的答题方式就是将题目打印成学习单供学生完成，老师巡视全班学生完成情况，然后点评。这样的巡视不能掌握全部学生的情况，不能全面快速地发现学困生。随着智慧课堂的建立，我们发现"爱学派"这个软件可以帮助我们解决以上问题。我们改变了习题的答题方式，对于选择题目，我们运用智慧课堂中的"爱学派"软件，如下图。

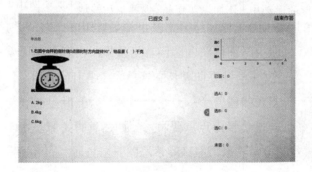

"爱学派"软件界面

这个软件会快速统计学生的答题情况，然后形成统计表。每一个选项后面都有学生名字。为了保护学生的求知欲和自尊心，我们可以"收起"（仅教师可见）显示学生具体情况。这样，老师通过以上数据统计，就可以快速掌握全班学生的学习情况，并根据实际情况选择全班讲解还是个别辅导。

"爱学派"软件的运用，节省了老师掌握学情的时间，提高了课堂效率。不过"爱学派"应用于主观题目还有待完善。对于主观题目，这个软件是不能够批改统计的，只能是学生之间互相点评。

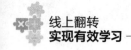

三、借力微课和动态演示，开阔学生思维

对于"图形的运动"这部分内容的学习，教材中设计的目标是利用平移、旋转等方式来设计图案。我们利用视频软件，将旋转的美、旋转的生活应用和如何设计图案范例等录制成微课，视频简介如下。

 设计图案	 旋转在我们生活中有很多的应用	 在设计图案时，我们也常用到旋转
 荷兰艺术家埃舍尔，他从旋转、平移等图形的运动中获得创作的灵感	 比如这幅作品，他就是巧妙地利用图形的平移、旋转创作出来的。	 他还创作了很多类似这样的作品，获得了"图形艺术家"的美称。其实，我们学习过的简单图形通过旋转也能得到很多意想不到的图案
 比如三角形的旋转	 正方形的旋转	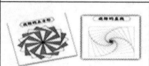 你能运用图形的不同运动方式创作出一幅自己的作品吗？
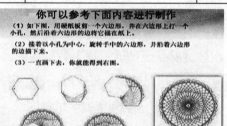		

视频简介

　　我们本轮研究着眼于"借力爱，优化课堂教学"，在设计时充分发挥信息技术的优势，为学生的学习和发展提供丰富多彩的教育环境和有力的学习工具，充分调动了学生学习和探究的主动性和积极性。节省了学生课堂上的认知时间，让学生有更多的时间去操作、去感受、去拓宽视野。

　　经过多番打磨，本节课的教学设计最终获得东莞市"信息技术与小学数学教学深度融合"教学设计评比一等奖。磨课经历让我们深切地感受到：信息技术的飞速发展正在改变着我们的教育；合理应用信息技术必然可以提升学生的数学素养，优化我们的课堂教学。

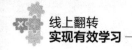
基于线上小组合作学习策略的案例研究

——以三年级上册《长方形和正方形》线上教学为例

一、问题的发现

数学课程标准指出：处理好讲授与学生自主学习的关系，除接受学习外，动手实践、自主探索与合作交流也是数学学习的重要方式，学生应当有足够的时间和空间经历观察、实验、猜测、验证、推理、计算、证明等活动。回顾我们当前的一线教学，大多数课堂还是以教师讲授为主，忽视了学生的自主学习，学生对书本知识的认识基本在课堂内；由于时间有限，一些需要动手实践、自主探索与合作交流的学习过程往往流于表面，没有真正深入。《长方形和正方形》是人教版三年级上册的内容。本课的重点引导学生通过动手量一量、折一折等实际操作获得丰富的感性经验，发现并尝试归纳出长方形和正方形的特征。但在具体的教学中，如何能让学生深刻体会长方形和正方形的特征呢？教学中，由学生来动手操作探究其特征是很费时间的，但到底是由教师直接给出定义，还是给足课堂时间让学生充分探索交流？显然，第一种做法不可取；第二种好是好，但课堂时间成本太高。那么有没有更好地解决方案呢？

二、寻找解决方案

基于以上分析，我们尝试合理运用市教学资源应用平台，采用小组合作学习翻转教学方式，课前在市资源平台发布长方形和正方形的微课，让学生自学长方形和正方形的特征，课上小组合作动手验证，最后运用特征解决问题。这样做拓宽了学习的时间与空间，既保证了知识的有效掌握且又有充分的时间进行实践交流，达成了良好的效果。

（1）市资源平台微课任务学习。课前利用东莞市教学资源平台发布微课《长方形、正方形的认识》，并提出两个任务：①在家里找到表面是长方形的物品并拍照发圈；②观察这些物品长方形的表面，你认为长方形的边和角有什么特点？

（2）课中学生以小组活动的形式，先总结特征再小组验证，通过平板现场录制学生在小组合作探究过程中的具体做法，并于大屏幕展示学生的具体操作过程，这比让学生单纯地总结更能使他们直观地看到长方形的特征是如何被科学地验证出来的，以完成认识长方形特征的目标。最后，学生根据课堂合作验证长方形特征的经验，独立运用科学的方法探究出正方形的特征。

（3）运用市资源平台布置习题，统计反馈，引导学生运用长方形、正方形的特征解决生活中的问题，这样便巩固了所学知识，拓宽了课堂空间，达成了积累数学活动经验的目标。

三、行动实施

（一）课前任务，检查旧知

1.课件出示学生收集的照片

师：同学们，昨天我们布置了课前作业，老师在爱学上面看到很多同学都做得很好，我们一起来看一看吧！（出示学生收集的照片）

师：看来同学的观察十分仔细！

2.直入主题，猜想特征

师：这节课我们一起来认识长方形和正方形。（贴标题：长方形、正方形）在爱学上面，老师还布置了第二个问题"你认为长方形的边和角有什么特点"？我挑选了几个比较典型的回答，请对比一下，你们比较认同哪个同学的观点，说一说为什么。

生：我比较认同 ××× 的观点，因为我看完微课和根据我的观察，长方形的边和角就是这些特点。

生：我比较认同 ××× 的观点，因为……

设计意图：通过回顾课前微课的学习，激活对学生图形认知的"原经验"，有效唤醒学生原有的对长方形、正方形的模糊经验。又通过学生在家的作业呈现，吸引学生学习的注意力。

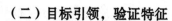
（二）目标引领，验证特征

1. 提出质疑，激发探究兴趣

师：也就是，大家都认为"上下边相等，左右边相等，有四个直角"，长方形的边和角真是这样吗？有时候，看的可能会出错，谁有办法验证一下长方形是不是都有这些特点？（量一量、折一折、比一比）

设计意图：在学习"图形与几何"的过程中，加入"猜想"这一催化剂，可以激发学生学习的内驱力，让学生调动已有经验进行空间想象，并多角度地思维，从而抓住事物的本质特征，得出结论。老师提出质疑之后激发起学生想验证自己的猜想是否正确的心理，就会使学生主动参加到后续的探究活动中。

2. 小组合作，验证特征（长方形）

师：同学们说得真好！接下来以四人小组来验证一下，请看小组合作要求。

（1）小组探究过程。

（2）汇报。

师：好，我看大家都有了结果，刚才老师给同学们的操作过程进行了录像，我们一起来看一看别的小组是怎样合作验证出来的吧！（师播放"量一量"的方法、"折一折"的方法，每放完一种方法请其他小组同学说一说他们是怎样做的。）

设计意图：儿童空间观念的形成经历"具体—半具体半抽象—抽象"的阶段，而在这三个阶段的过渡中，需要教师在教学中提供"梯子"。操作就是学生学习过程中的"梯子"，操作对学生积累构建直观模型的经验具有不可替代的作用。在上述教学中，学生经历了动手操作验证"特征"的全过程，不仅收获了关于长方形特征的相关知识，而且积累了丰富的数学活动经验。操作前通过讨论验证方法，提高操作的有效性，从而积累了操作前先思考的活动经验。根据小组合作要求以及学习单开展小组合作验证特征活动，交流时略有侧重，重点探讨"边的特征"。首先是量，学生感悟到要通过大量的例证才能得出长方形对边相等，这是一次不完全的归纳经历，为学生积累了归纳的经验。其次，把一个长方形对折，观察到对边重叠在一起，就能推断出长方形的对边相等，为学生积累了一定的推理经验。

3. 对比交流

师：同学们看一下，这里三个长方形的边量出来都不一样，但它们都叫长方形，那你认为它们有什么相同的地方呢？

生：长方形上下两条边一样长，左右两条边一样长，有四个直角。

4. 小结

师：上下是相对的边，左右也是相对的边，我们数学上把相对的边称为一组对边。我们用手势表示一下对边。还有吗？所以，长方形有两组对边。那这个长方形的对边在哪里？用手势表示。通过量一量，我们发现对边的长度相等，所以我们可以把它简单地说成是"对边相等"。这两组对边有长有短，我们数学上规定较长的边叫做长，较短的边叫做宽。老师想请一个同学上来贴一贴长方形的长和宽。

师：他贴得和你们想得一样吗？

师：如果这样呢？（把长方形倾斜摆放）现在还有谁能贴一贴长和宽？

生贴。

师：贴得真好！

师：边我们已经验证完了，那你们是怎样验证长方形的四个角都是直角的？

师：请你在老师的这个长方形上演示，让同学们看清楚。（生继续比，师引导全班跟着数直角：一个直角、两个直角、三个直角、四个直角。）

师：同学们真厉害！我们刚才用了"量一量、折一折、比一比"的方法来验证了长方形的特征是——（一起读）（师）长方形（生）对边相等，有四个直角。也就是我们刚刚研究了长方形的边和角。

设计意图： 通过利用课堂生成资源直接展示给学生看的形式，充分体现了学生的主体性，并回顾了探究历程。

（三）问题驱动，合作探究

1. 猜想特征，独立自主验证特征（正方形）

师：这里还有个正方形呢，猜一猜它的边和角有什么特点？

师：这四条边能具体再说一说吗？

师：也就是正方形四条边相等，有四个直角。真的是这样吗？你能独立验证出来吗？学习单上夹有正方形，请同学们独立完成白色学习单。

设计意图：验证长方形特征的操作活动已经帮助学生积累了活动经验，构建了验证图形特征方法的模型，所以在验证正方形特征时，给予学生自主探究的机会，令学生在解决新问题的过程中重新领悟和创新的经验，实现研究图形经验的激活、生成与优化！帮助学生提升原有的数学活动经验，将它纳入到新的认知结构中，借助几何直观，通过"同化"和"顺应"，架构探究经验与数形结合思想的快速通道。

2. 汇报小结

师：很多同学已经快速地验证完并放好了学具，真棒！谁来跟大家说一说，你用了什么方法，证明了什么？

生1：我用尺子量一量的方法，量出了四条边的长度是××厘米，证明了正方形四条边相等；我又用了比一比的方法，证明了正方形四个角都是直角。

生2：我用了折一折的方法，这样折，证明对边相等，这样折，证明相邻的边相等；我又用了比一比的方法，证明了正方形有四个直角。

师：你们的正方形是不是也是四条边长度相等，有四个直角？

师：像长方形一样，我们也给这四条一样的边起个名称，就叫"边"。

师：我们来看一下，（指着长方形和正方形），它们有什么相同的地方，有什么不同的地方呢？先跟同桌说一说！

师：看来大家都知道了，一起来说——相同的地方是（有四个直角），那不同的地方呢？看谁举手最快！（长方形是对边相等，正方形是四条边相等。）看来，正方形具备了长方形所有的特征，它不仅对边相等，而且四条边全相等！也就是说"正方形是特殊的长方形"（贴板书）。

设计意图：在验证正方形四条边时，绝大多数学生都会运用验证长方形边的特征的原有经验，将两边对折。通过汇报小结，启发学生思考验证邻边相等最简便的方法是斜着对折两次，将四条边全部重合在一起。通过汇报小结自然引出正方形边的名称，同时使学生本来有缺陷的经验逐渐被修正，粗糙的经验渐渐趋于精致，浅层次的经验获得提升，新生成的数学活动经验自然嵌入经验系统。学生在数学活动中获得的知识往往是零散或者模糊的，需要教师帮助学生将学习过程中习得的知识条理化、清晰化、系统化，通过长方形正方形边角特征的对比，令学生在对比中进一步澄清认识，突破"正方形是特殊的长方形"这一知识难点。

（四）迁移提升，思维碰撞

1. 变一变（小猫拉动长方形进行变化）

师：小猫也画了一个长方形，谁能介绍这个长方形长几厘米宽几厘米？小猫觉得这个长方形太瘦了，想把它变得胖一些，你打算怎么拉？用手势比画一下。小猫也选了你的方法。谁能先介绍这个长方形长几厘米宽几厘米？在它变化的过程中说出长方形长几厘米宽几厘米。刚才同学们都提到了长方形，又说是正方形。那说是长方形对不对呢？我们一起来验证一下：我们刚才得到的长方形的特征是对边相等，有四个直角，我们来看看它符合吗？（生：符合。）像这样，长和宽都相等的长方形就是正方形，也就是说，正方形是特殊的长方形。（现在长方形的长是……宽是……）如果继续往右拉，出现的是长方形还是正方形？还能拉出正方形吗？你是怎么想的？如果我要继续拉，那该怎样才会出现正方形？

师：同学们说得真好！"方出于矩"，这是二千多年前，我国古代的数学家在《周髀算经》里记录的一项数学发现。方就是正方形，矩就是长方形。意思是正方形源自两边相等的长方形。好，我们继续，长方形（现在长方形的长是……宽是……）

设计意图：引导学生有序地说一说长方形的长和宽的长度，正方形的边长，细窄长方形在小猫的拉动下逐渐向右增肥，令学生经历动态的变化再次强化对长方形长与宽含义的理解与应用。当长方形在小猫的拉动下增肥至长和宽同样长，令学生经历长方形变成正方形的动态变化，感受到长方形和正方形的联系与区别，再次巩固"正方形是特殊的长方形"这一知识难点。

2. 画一画路线图

师：老师这周末打算请同学们去我家做客，我的计划是从我家里出发，走过 3 个地方，最后回到我家。我发现我走的路线刚好围成一个长方形，你觉得我们可能走了哪几个地方？请在你的平板上画出来。

如果我们从电影院出发，走了几个地方，走的路线刚好围成一个正方形，你觉得我们走的是哪几个地方？大家找的真准确！

设计意图：这一环节的主要目的是使学生把刚刚学习到的知识进行扩展延伸，使学生灵活应用长方形和正方形的特征，空间观念得到加强，并再次让学生感受到数学力量，使学生更深刻地体会到数学来源于生活，又应用于生活的

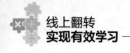

新理念。本环节全面地反映出学生是否在本次课中掌握新知及重难点知识，起着升华的作用。

（五）回顾过程，概括小结

师：同学们，这节课你有哪些收获？今天这节课我们进一步认识、研究了长方形和正方形，回忆一下，我们是怎样进行研究的？这些方法是我们研究平面图形特征的好方法，以后我们还会用这些方法去认识更多的平面图形的特征。

设计意图：回顾小结是最重要的数学活动，它是数学活动的核心和动力，可以促进基本活动经验的有效迁移与变革。通过这一活动，学生在思维方式上受到"验证方法多元"和"不完全归纳"思想方法的碰撞后，数学活动经验也得到了进一步提升，把研究长、正方形特征所积累的活动经验自然应用到研究其他平面图形中，学生原有经验更加合理化、系统化。如此一来，学生在穿越图形的"丛林"时，将会撒播经验的种子！

四、结论与反思

本案例是在学生认识了长方形和正方形的基础上进行设计的，根据新课标的要求，针对学生的具体学情，本节课力求体现：翻转课堂让学生自学，联系生活让学生要学，小组合作、独立验证使学生会学。注重对学生学习过程的关注，充分体现学生学习者的主体地位。

基于此，我们运用市教学资源应用平台围绕长方形的特征设计了一节数学小组活动探究课。在教学过程中，基于市教学资源应用平台翻转教学方式，市资源平台微课课前任务学习——小组合作验证长方形、正方形特征——运用特征解决问题。课前利用东莞市教学资源平台发布微课学习《长方形、正方形的认识》，并提出任务：①找表面是长方形的物品并拍照发圈；②观察，你认为长方形的边和角有什么特点？课中以小组活动的形式，先总结特征再小组验证，平板录制小组合作过程并屏幕展示。最后运用特征解决问题，巩固所学知识，拓宽了课堂空间，达成了高效学习的目标。

基于学情的建构抽象思维策略案例研究

——以六年级上册《比》教学为例

概念教学一直是小学数学教学中的重要内容。其一，由于数学概念本身是数学内容的重要组成，在小学数学中大量存在，成为学生认识、判断、理解和解决问题的基础。其二，数学概念是人脑对现实对象数量关系和空间形式本质属性的一种反映形式，具有一定的抽象性。而贴近生活、生动有趣、指向数学知识本质的数学素材有助于激发学生学习兴趣，并在其脑海中映出多样的、丰富的表象，抽象出概念的本质属性。

《比》是人教版小学数学六年级上册的内容，教材把"比"定义为"两个数的比表示为两个数相除"。笔者每次教学这部分内容总会不由自主地产生疑问，"比"到底和除法是什么关系？它们是等同的吗？学生对"比"到底已经有了怎样的认识？基于以上思考，笔者通过教材分析与词义查阅准确地把握概念本质，通过学情调查了解学生真实的学习起点，整合教材内容，挖掘数学素材，把教材优化成适合小学生数学学习的学材，从而有效建构概念，发展学生思维。

一、深入研读教材　把握概念本质

"比"是小学数学中一个重要的概念，是人教版六上第四单元的内容，在这之前学生已学习了除法、认识了分数，"比"是进一步学习比例的基础。

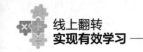

这部分内容原来一直编排在"分数除法"单元内，新修订版的教材把"比"单独拿出来列为一个独立单元，2014年以前的教材把"比"定义为"两个数相除又叫做这两个数的比"，2014年以后描述成"两个数的'比'表示两个数相除"。

教材编排的调整，"比"独立成一单元，意味着不再把"比"单独停留在与分数、除法之间的关系，不单从运算的角度去理解"比"，而开始从量与量之间的关系角度来理解"比"。

概念定义的变迁，从"两个数相除又叫做这两个数的比"，把"比"等同于除法到改成"两个数的比表示两个数相除"，这说明"比"与除法并不是等价概念，而各有其自身的意义、特点和价值。张奠宙先生在其《小学数学教材中的大道理——核心概念的理解与呈现》一书中明确指出："比有比的意义，除法有除法的用途，比的本源是比较，是两个量间的一种倍数关系，一种比较，一种对应，只是在求比值时才用除法。"

为什么有了除法还要引入"比"，"比"与除法区别在哪?

（1）除法趋向于运算的形式和结果，而"比"凸显的是量与量间的一种倍比关系。

（2）除法、分数只能表示两个量的倍数关系，而"比"可以表示三个量或多个量的倍比关系。

（3）两个数的"比"可以转化成两个数相除；而两个数相除，如"等分除"就不宜表示成这两个数的"比"。

（4）"比"源于度量，物体除了长度、面积、体积、质量等可度量的属性，还有颜色、形状、质地、口感等不可度量的属性。这些不可度量的属性可以用"比"进行表征。用"比"来表示这些量与量间的对等关系，更加清晰明了。

二、进行学前调查　掌握学习起点

为了更好地了解学生的认知基础，把握学习起点，笔者在课前对学生进行了一次学情前测。

（一）设计问卷，发放问卷星线上调查

问卷的设计主要是从两个方面进行考虑：一是学生的生活经验，即学生在现实生活中哪里见到过"比"，对哪些"比"印象比较深刻；二是学生已有的知识经验，即对于"比"的相关知识有哪些了解。为了体现灵活性和开放性，问

卷通过问答题的形式给出。

"比的认识"前测

班级_____ 姓名_____

同学们，生活中有许多"比"，本问卷目的在于了解大家对"比"的认识和掌握程度，问卷不计分数，不涉及评价，请独立思考，认真填写！

在现实生活中，你在哪里见到（或听到过）"比"？写出这些"比"。

你还知道关于"比"的哪些知识？请写一个"比"并介绍它的相关知识。

"比的认识"前测

（二）整理分析　线上回收掌握起点

前测共发放问卷 85 份，收回有效问卷 85 份，通过整理分析，结果如下图：

在现实生活中，你在哪里见到（或听到过）"比"？写出这些"比"。

冲奶粉的配比1:6　1份的奶粉和6份的水

42% 的学生知道配方中的比

在现实生活中，你在哪里见到（或听到过）"比"？写出这些"比"。

答：我在看足球或篮球比赛见过"比"，例如：2:3　10:15

90% 的学生提及球赛中的比分

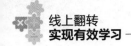
你还知道关于"比"的哪些知识？请举例说明。
读作：七比八
$7 : 8 = 7 \div 8 = \dfrac{7}{8}$
前项 比号 后项 比值
比可以看成除法算出比值。

78% 的学生会读写比，知道比可以转换成除法

问卷结果

1. 大部分学生对"比"有一定的认识

学生对于"比"并不陌生，生活中常见的"配方比"有 42% 的学生知道，90% 的学生提及球赛中的比分，78% 的学生对读写比，求比值有一定的认识。可见，基于生活经验和前置的学习经验；对于读写比、求比值这样外显性的一目了然的知识，学生是比较容易模仿和掌握的。

2. 区别不了"生活中的比"与"数学中的比"

学前调查中 90% 的学生提及的球赛比分并不是数学中的"比"，比分是一个得分记录，主要反映的是数据的相差关系，方便人们了解分数的差距；而数学中的"比"反映的是量与量间的倍数关系。因此，怎么去伪存真，扭转学生固有认知，合理设计学材引导学生透过外显看本质，突出"比"的本质特征是学习的关键。

三、精选学材　分层建构概念

数学学习的效果与教师提供的学材有着密切的关系。数学学材不单是现成的教材。教师需要基于学生真实的学习起点，通过理解教材、剖析知识的本质属性，有针对性地把数学知识设计成适合小学生数学学习的学材，从而达成良好的学习效果。

结合教材分析、学情调查，针对反映出的学生对于"数学中的比是表示量与量间的倍数关系"理解不清，笔者对教材进行二度开发，充分利用各种教学资源，把教材整合优化成适合小学生数学学习的学材，逐级分层建构概念。

一是先结合前测自主线上微学习"比"的读写法，掌握求比值的基本方法。

二是线上提供"配方比""球赛比分"对比学材，通过辨析切实体会"比"

是两个量间的一种倍数关系，明晰概念本质。

三是通过辨析"连比""不同类量的比""比与比例"等学材，深度掌握概念内涵。

四是利用"比"的知识解释学材中的生活问题，感受"比"的价值。

（一）整合前测学材，在微课学习中认识"比"

学生对于"比"并不陌生，前测中学生写出了很多生活中的"比"。结合前测整合学材，根据前测中"你知道比的哪些知识，写一个比并介绍它的相关知识"，学生自己来介绍关于"比"的知识，教师因势利导，适时点拨，既尊重其学习起点，又满足其表达意愿，从而使学生掌握了"比"的读写法、了解了求比值的方法。

1. 回顾学情，自学微课

师：同学们，生活中有许多"比"，其实咱们对于"比"的知识在过去的生活与学习中已有了很多了解。

你能说一个"比"并介绍一下与它相关的知识吗？下面请大家跟随视频走进"比"的世界。

学习提纲：

① 什么是"比"？

② 如何理解"比"的关系？

③ 怎样表示"比"，写"比"，读"比"？

2. 完成学习单，理解比的意义

明确理解"比"的基本定义，学生能读、写"比"，腾出主要的时间来体验"比"、感受"比"、分析"比"、理解"比"，从而从本质上理解"比"的意义。

（二）设计对比学材，在比较辨析中明晰"比"

1. 呈现学材一：煮饭中的"比"

在学情调查中很多同学说到了配方中的"比"，教师呈现学生熟悉的煮饭场景：有研究表明，做饭时，水和米的质量比为 2 ∶ 1 最优。假如按这个比取一些水和米煮饭，你会怎么取？在学习单上填一填吧！经历学习单填写的过程，学生充分感知水和大米数量之间的关系。这时再引导学生仔细观察：水和大米的数量有什么变化规律？有没有不变的？先独立思考，再小组交流，最后全班汇报。

水　米
2　：　1
（1000）：500
（600）：300
（200）：（100）
（100）：（50）
有没有不变的？
独立思考➡小组交流➡全班汇报

煮饭中的比

经过思考交流，学生容易发现：

① 每次变化"比"的前项和后项扩大的倍数相同。

② 无论怎么变，水的质量总是大米的2倍，它们之间的倍数关系保持不变。

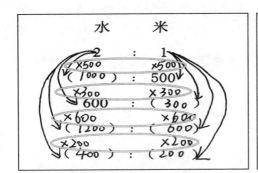

学生的分析

2.呈现学材二：进球中的"比"

"煮饭"中的比，倍数关系不变，之前有90%的学生提到了球赛中的比分，会有同样的特点吗？教师呈现学生熟悉的足球赛情境——"一场足球赛上半场结束了，比分是2：1"，并提供微视频回顾上半场的进球过程，学生记录并感受球赛中比分的变化过程。

足球赛

克罗地亚 法国
0：0
1：0
2：0
2：1

克罗地亚 **2 1** 法国

足球赛

一场足球赛上半场结束了，比分是 2：1

足球赛情境

3. 对比辨析　去伪存真

比分是怎样变化的？它和煮饭中的"比"有什么不同？经过观察对比学生发现：

① 比分每次只有一边增加了 1，另一边不变；

② 比分中可以出现 0，比值要么求不了，要么不会相等。比分只是得分记录，主要是方便人们了解得分的相差。

教师引导学生交流辨析，达成共识：数学中的"比"是表示倍数关系的"比"。"煮饭中的比""球赛比分"两个学材分别指向"倍数关系"与"相差关系"，通过两种学材的对比辨析，学生经历观察、思考、交流，去伪存真，清晰地认识到倍数关系的"比"才是数学中的"比"，从而突破本课的重难点。

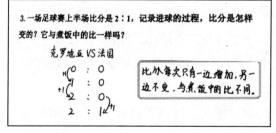

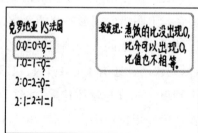

学生分析

（三）设计拓展学材，在应用中拓宽"比"

"比"原本是同类量的比较关系，但也可以推广到不是同类量的情景，同类量的"比"是"源"，不同类量的"比"是"流"；同时，"比"还可以根据需要拓展为三个量或多个量的"比"。"比"是学习比例的基础。结合实际生活，设计拓展学材，进一步拓宽"比"概念的内涵，丰富学生对"比"的概念的认知，感受"比"的独有价值。

1. 拓展学材一，从两个量的"比"到多个量的"比"

活动一：把一个圆形平均分成 2 份、3 份、4 份，只涂两种颜色，说一说所看到的"比"。

活动二：把两种颜色变化成三种颜色，又能看到什么"比"？

活动三：说一说生活中还有像上面那样的三个量的"比"吗？

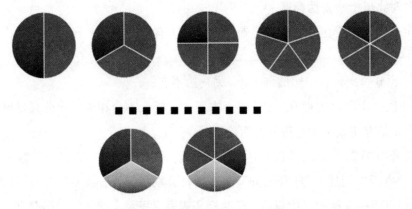

拓展学材一

"比"除了表示两个量的倍比关系，还可以表示三个量或多个量之间的倍比关系。上图借助圆形图片的变式，可以从同一个圆中找到颜色的种类比和个数比的变化。如同一个圆里红色部分与其他颜色之间的比分别是 1∶1，1∶2，1∶3，…，还有 1∶1∶1，1∶2∶3，…。通过深入观察还可以发现同一个圆里"部分与整体比"，如红色部分与整个圆的比 1∶2，1∶3，1∶4…。在这种变化过程中，丰富学生对比的直觉感受，使其体会到"比"能清晰地反映量与量间的关系；两个量可以比，三个量也可以比，有助于数学概念的整体建构。

2. 拓展学材二，从同类量的"比"到不同类的"比"

问题一：如图，从小丽路程 1200 米，小刚路程 1200 米，你能写出比吗？

问题二：呈现时间，从小丽 12 分钟，小刚 10 分钟，你能写出比吗？

问题三：小丽路程 1200 米，时间 12 分钟；小刚路程 1200 米，时间 10 分钟；

你又能想到哪些"比"？

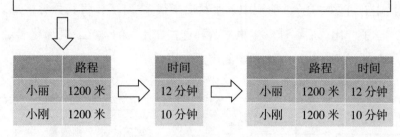

走一段 1200 米长的山路，小丽用了 12 分钟，小刚用了 10 分钟。你能分别算出他们的速度吗？

拓展学材二

同类量的"比"是"源"，但是"比"也可以推广到不是同类量的情境，笔者选取学生熟悉的路程、时间、速度入手，把苏教版教材文字改编为表格，通过变式递进呈现学材，鼓励学生寻找新的"比"，学生很容易从路程与路程之比、时间与时间之比，过渡到路程与时间的比，体会到在实际生活中不同类量的"比"有时会产生新的量，进一步沟通了"比"与除法之间的联系。

3. 拓展学材三，从"比"到比例

活动一：分别写出三个长方形的长宽比。

活动二：比较三个长方形长宽比，你有什么发现？

活动三：三个长方形样子相似吗？你有什么想说的？

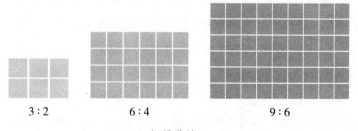

3：2　　　　6：4　　　　9：6

拓展学材三

三个长方形相似吗？为什么会相似？因为三个长方形长宽比的比值相等，如果把三个比用等号相连，就是正比例。比的认识为比例做准备，并可以拓展

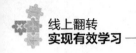
成一种变量之间的正比例函数关系。本环节通过相似长方形的变化，既丰富了学生的空间想象力，又让其感受比的美，拓宽了比的知识结构，为比例的学习奠定了基础。

4. 拓展学材四，从数学中的"比"到生活中的"比"

生活中有许多"比"，前测中学生写出了很多"比"，将其分类精选，组合成学材。学了"比"后，让学生再来解释这些"比"的含义，既深化了对"比"的认识，又感受到"比"在生活中的广泛应用。

写出下面信息中的"比"，并说一说含义。		"比的认识" 前测卷　温晴
❶ 糖醋排骨按2勺糖3勺醋调制口感较好。	❷ 新生儿头长约占身高的 $\frac{1}{4}$	在现实生活中，你在哪里见到（或听到过）"比"？写出这些"比"。 冲奶粉的配比: 1:3 加入3分之1的奶粉 电视的长宽比例:16:9 长16厘米，宽9米。
❺ 一小区的户数和车位数同样多。	❹ 妈妈花 60 元买了6千克葡萄。	桌子和椅子的比例:1:4 混凝土中沙石水泥水的比例: 2:1:1

拓展学材四

四、教学经验总结

笔者认为，概念教学应摒弃让学生简单复述、死记硬背的做法，杜绝教师越俎代庖式的简单归纳，基于教材分析和学情调查，在准确把握知识本质和精准掌握学生学习起点的基础上，挖掘贴近生活、生动有趣、指向数学知识本质的数学素材，整合优化成适合小学生数学学习的学材，激发学生学习兴趣，给学生提供自主发现的突破口，促使学生主动建立对概念的整体认知。丰富有效的学材有助于学生在脑海中映像出多样的、立体的、个性化的表象，这种表象正是概念建构的基础。教师借助学材引领学生自主探索、走近概念、思考辨析、明晰本质、升华认识，感悟概念的本质属性，发展抽象思维。这样的概念建构才是有生命力的、持久的，学生对概念的理解也才是深刻的、有效的。这才是品质学习。

基于"四学"模式多元互动的策略案例研究

——以五年级下册"分数与除法"线上教学为例

疫情期间，为了保证学生正常学习生活，全国上下响应"停课不停学"的号召，线上"四学"模式教学就这样开始了。

一、线上教学与信息技术融合初实践

疫情期间的线上教学无论对老师、家长还是学生来说，都是一种挑战。很多教师由于线上授课资源少，对网络平台使用方法不熟悉，加之在家里授课诸多条件限制，只能慢慢摸索适合学生的线上教学；家长对于众多的网络平台不知看哪一个好，索性让孩子轮番看；学生对于线上教学各种不适应，总想着回到课堂上听讲。开始一周，我们利用QQ把老师精心筛选的教学资源发送给学生学习，学生学完后把任务单发到QQ群作业里。任务单反馈，学生的学习效果并不理想。

线上学习两周后通过调查反馈发现主要存在两大困难：一是学生的自律性不够；二是家长要忙于上班，对线上教学的配合度不够。线上教学最主要的特点就是随时随地只要打开手机或电脑就能学习，但对学生的自律性要求也非常高。这时老师与家长的适当督促是非常必要的，老师与家长的促学应贯穿整个线上教学。

怎样利用这些信息技术平台中的优秀的资源开展线上教学呢？如何提高线上教学的有效性来增强学生学习的积极性与学习兴趣呢？这些都是我们迫切要解决的问题。

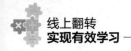
二、线上教学与信息技术有效融合再探究

世上无难事，只怕有心人。为了解决以上难题，教师们多次参与线上培训，无数次开展线上视频会议研究讨论，最终结合我校高年级学生的实际学情，通过一段时间的摸索与探究制定了比较适合高年级学生的线上教学"四学"模式：通过信息技术中的图像传输、视频互动等功能与"资源导学—自主试学—小组斗学—分享展学"相融合的教学模式，激发学生的学习兴趣，调动学生的学习积极性，保证线上教学有效性。实施"四学"模式前我们做了如下准备工作。

（一）信息技术平台促"小组构建"

学生不适应线上教学，想回到课堂。我们就利用 QQ、微信、钉钉等平台建立水平相当的若干"斗学"小组，并由组员推选出组长、副组长，配合老师引导组内同学进行线上合作探究、交流与分享。每个学生都可以发言，让学生感觉老师和同学就在自己身边，从而提高学习积极性。

（二）信息技术平台促"家校合作"

我们通过学校公众号平台向家长发放线上教育倡议书，还为家长提供居家指导学生学习的方法，并通过电访、语音、视频等形式邀请家长参与简单的信息化工具使用培训，然后再指导孩子掌握 QQ、微信的使用，提高直播课堂或小组"斗学"的效率。

（三）EV录屏技术促"资源整合"

要提高线上教学的有效性，优质的教学资料是必不可少的。通过集体备课，组内老师精挑细选出适合本年级学生学习的名师优课，并根据学情将知识容量较大的视频利用 EV 录屏软件分割录制，以便于实施精细化教学。例如，把"分数的产生与分数的意义"这一课分割成"分数的产生和分数的意义""分数单位""解密单位 1"三个课时进行线上教学，让学生对知识点掌握得更扎实有效。

（四）微信公众平台促"课程趣味化"

为了提高学生的学习兴趣，在线上教学中，教师通过微信公众平台查找一些与课程内容相关的游戏、故事或实践活动，如"数形结合玩数学—苏步青数学问题""睿智游戏—井字游戏""动手实践—会动的瓢虫"等课程，提高学生的学习兴趣。

（五）QQ语音+相册促"练习多样化"

练习的设计灵活多样，除了学习任务单，还可以通过QQ作业里面的"语音任务"让学生把当天或前面学习的知识点用语言复述出来，以此提高学生的语言表达能力和学习的效果；"数"说疫情绘本制作，提高学生的动手能力和爱国情怀；"会动的瓢虫""会飞的竹蜻蜓"等趣味化多样化的实践作业都可以通过QQ相册展示出来，让大家共同学习共同进步。

三、"四学"模式与信息技术有效碰撞——以"分数与除法"为例

（一）教师通过QQ传送"导学资料"

导学指引是教师为指导学生进行自主学习而编制的有学习目标、学习内容、学习流程的学习活动指导，用于引导学生自主学习、主动参与、合作探究、优化发展，具有"导读、导思、导做"的功能。

通过班级的QQ群将教师根据学习内容及学生线上学习的实际情况精心设计的导学指引发送给学生，让学生根据导学指引和导学案明确学习的流程与方法，从而达到培养学生自主学习能力并能高效自主学习的目的。

（二）师生利用信息技术"试学促教"

1. 学生利用平板、手机或电脑"自主试学"

学生通过导学指引明确学习目标及流程后，打开立体资源包（包括PPT、视频等），利用平板、手机或电脑进行自主学习，并尝试自主解决问题，完成相应的任务单，再利用QQ提交作业。

2. 教师利用信息技术进行作业发布、批改与错例收集

学生自主尝试学习结束后，完成相应的任务单并将任务单上传到在教师QQ上发布的相应任务里；教师可以及时收到学生上传的语音及书面任务单，并利用QQ作业里的批注功能进行一对一地批改与语音讲评；通过信息技术手段将批改情况导出，形成文档保存，以便进行错题整理与分析。通过这些信息化教学与信息技术使教师能及时了解学生掌握知识的情况，再通过平台反馈的数据进行分析，以此整理出讨论主题，为下一环节的"斗学解惑"做准备。

（三）师生借力信息技术平台"斗学解惑"

"斗学解惑"是通过有意义的互动活动达到知识的交流、思维的碰撞、情感

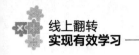
的沟通、能力的培养的目的 。"斗学解惑"主要以小组为单位，通过视频通话、语音通话、群课堂等形式开展。QQ、微信、钉钉等信息交流工具，使师生之间、生生之间的互动交流更加频繁、随心所欲。在视频交流互动过程中，学生不断地建构知识、提高技能、活跃思维、展现个性。在思维不断碰撞的过程中，学生对所学知识有了更深层次的理解。

1. 教师借力信息技术使教学内容形象具体

教师通过作业批改了解到学生对"把3个月饼平均分给4个人，平均每人分几个"的算理比较困惑。教师可以通过信息技术，以动画的形式，将抽象、复杂的"分月饼过程"变得形象、具体，以便学生更好地学习、理解、掌握。

2. 师生借力信息技术推进知识内化与提升

为了更好地提高线上教学互动的效果，教师根据每个学生的特点和学习基础，通过QQ和微信建立若干斗学小组。教师将作业中具有一定思维价值的问题通过平台展示给每个小组，小组成员在组长的带领下，针对问题发表自己的看法，其他同学可以提问、质疑或与之辩论，努力把问题探讨引向深度学习。比如对某道题，有的人认为答案是1/3，有的人认为答案是3/9，还有的人认为答案是9/3。

经过激烈"斗"论之后，大家统一了看法：该题的数量关系是"瓶数 ÷ 人数"，所以9/3的答案是正确的。当然，也有学生说约分后也可以填3/1。在斗学的过程中，大家的收获各有不同：有的同学知道了解决问题找准数量是那么的重要；有的同学能够正确区分"有单位"和"求几分之几没有单位"的问题的解题方法；还有的同学发出了这样的感慨——分数真的是种奇妙的数，分子与分母交换了一下位置，意义就完全不一样。

"斗学"小组除了讨论交流老师引出的问题，还会在群里提出自己的问题，老师实时引导、视频互动、答疑解惑。通过交流，推进知识的内化、迁移提升，确保知识点的及时掌握。

3. 师生借力信息技术平台促情感交流

在线上教学中，了解到有些孩子出现了因痴迷玩手机而厌学的现象，遇到这种情况，教师除了进行心理辅导外，还邀请他们加入"斗学"群。在群里看到同学和老师畅所欲言，交流学习、畅聊生活，这些孩子慢慢地也能迈过厌学的那道坎，勇敢地跟同学及老师交流，逐步恢复到正常的学习状态。

通过信息技术平台，在"斗学"群里交流学习，让学生感觉到在家里学习和在学校学习没什么不一样。虽然所处的空间不同，但阻隔不了生生交流、师生交流。通过一段时间的视频交流，有些平时在校不爱提问的同学也能勇敢地跟老师交流自己疑惑的问题。每次视频交流即将结束的时候，很多孩子都很不舍地说："老师，我还想再聊会。"线上教学不仅拉近了师生距离，更增进了师生感情。

（四）信息技术平台助力"展"学评价

"展学"是在小组"斗学"后，学生把完成的作业或作品上传到 QQ 作业或"斗学"群，教师、家长和学生都可以对优秀作品进行评价或点赞。在整个"四学"的过程中，我们通过多样的信息技术平台邀请教师、家长、学生共同参与评价，评价方式多元化，激励的方法多样化，评价的内容不仅是知识的掌握，还包括参与度、态度、行为等方面。通过 QQ 或微信平台对每周优秀的、有进步的、乐于分享的学生进行表彰，以此激励学生学习榜样、提升自我；每周通过群直播的形式对每月作业全勤、作业全 A+ 或作业无 C 的同学在全班进行表彰；每周对积极参与"斗学"活动的小组提出表扬，老师会在优秀小组内激励他们，提高他们线上学习的积极性。

四、信息技术助力"四学"效果反馈

（一）微信小程序助力提交任务人数反馈

线上教学刚开始两周，交任务单的人数最多达到 78%，现在除了班级个别特殊学生外，任务单提交量可以达到 95% 左右，基本上与平时课堂教学提交学习任务量相同。

（二）QQ作业统计助力学习效果反馈

"四学"模式实施了一个月后，我们还利用信息平台进行了线上教学自我检测，检测结果显示：五年级平均分达到 87.84，及格率达 98.72%，优秀率达到 75.64%。基本与往年相同内容自我检测水平持平。

（三）钉钉问卷调查助力教学工作实施反馈

为了更好地了解教师关于线上教学资源应用、学习效果、家校共育等方面的工作举措与实施效果，我校通过钉钉问卷面向全体五六年级家长开展了问卷调查。从数据可知，有 94.85% 的家长和学生认为我校线上教学资源内容丰富、

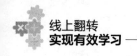
活动形式多样。也正是因为"四学"多样有趣，我校高年级学生参与度高达100%，学生的满意度达98.5%，家长的满意度达96.8%。

这与教师在"四学"中，合理分组"斗学"、精心筛选教学资源、合理整合教学内容、适当布置趣味作业、及时跟进反馈是密不可分的。

五、线上教学思考和内化

虽然"四学"实施取得了一定的效果，但线上教学任重而道远，在实施过程中要不断总结与反思，将问题内化于心，外化于行。

（一）线上教学能做到因材施教吗？

能。信息技术平台可以帮助我们实现所有的"愿望"。虽然网络平台提供了优质的名师资源，然而校际、学情都存在着差异，学生的学习起点不一样，教师要针对本班学生的实际情况，利用信息技术手段把优质资源融入自己的教学设计，进行内容的分割与整合；不仅有知识内容的整合，也有课内与课外的整合，如"会动的瓢虫""井字游戏"等趣味资源融入教学；在分组交流中，也是根据学情进行合理有层次的分组；而且，在任务设计时，除基础练习外还有能力提升、趣味练习、动手实践、语音任务等形式多样的练习，以满足不同层次学生的需求。

（二）线上教学怎样保证有困难的学生的学习？

为加强线上教学监督与管理，教师充分利用班级信息平台，对学生每天的线上学习进行适时管理与评价。但由于部分学生父母双方都在异地上班或学习存在困难，这种线上管理的有效性就比较弱了。教师在学习交流中更多地关注这些学生，除此之外还单独对这部分学生采用"视频＋语音＋文字"等方式进行个别交流与辅导，保证他们的学习不中断、学习积极性不减弱。

总之，在整个线上课程学习过程中，师生不再受限于时间、空间，只要开启常用信息化聊天工具即可实现面对面的交流与对话。通过信息技术中的视频、图片、声音等形式开展"四学"学习模式，知识点在不同场景（导学、引学、研学、展学）反复重现，将知识点从书本向实践转化。教学中大量资料的建设，为疫情后的线下教学奠定了扎实的基础。信息技术手段的运用保证了线上教学内容的丰富性，进而拓展了学生的数学视野，提高了学生的学习热情及学习积极性。

"三翻二段十环节"模式的有效翻转策略探究

——以学为中心的课堂实践为例

"三翻"指：以教师为中心翻转为以学生为中心；课上知识传递、课后吸收内化翻转为课前知识传递、课上吸收内化；教师的角色从演员翻转为导演，学生的角色从观众翻转为主演。"二段"指的是课前和课中。"十环节"指课前六环节——一次备课、发布任务、自主学习、反馈交流、获取学情、二次备课；课中四环节——展示交流、合作释疑、检测提升、总结评价。

第一步，在这学期，我先从熟悉平板开始，从让学生体验平板开始第一节课。学生对于智慧课堂是充满好奇、向往和热情的，尤其是我开始说积分功能的时候，学生的积极性瞬间爆发。我每次课堂都会利用积分制，我和学生约定了期末会进行一次大总结，比一比谁在课堂上的表现最优异。因此，我班学生在进入这个课室的时候就很安静，纪律很好。这个表现得到了观课老师及专家的赞赏与肯定。

第二步，我就课前微课开始了一次备课。一开始，为了培养学生自主学习的能力，我在布置完微课的第二天先在全班对个别学生进行肯定：肯定在所发表的评论中能够详细说出所学知识点的那些同学，并展示出来。

微课评论

在经过一轮表扬之后，越来越多学生在评论的时候更加详细具体，也得到了其他同学的点赞。因为学生们初步接触这个平台，所以第一次布置课前微课的时候，我并没有设置针对性的问题，只是让学生总结性地说一说自己通过微课学到的知识。同时，由于我是第一次教三年级，经验不足，所以缺少设置有效问题的经验支撑。这也是我接下来要研究的事情。

第三步，在专家的指导下，我认识到要根据课前微课的自主学习获取二次备课的有效信息。因此，我在设计"数学广角"这一复习课时，根据学生的自主学习设定了释疑这一环节。

学生认真观看老师推送的其他同学的答卷

下图是学生在认真观看我推送的其他学生的正确答案后，深度解答的一个难度加大的题目。

新题目

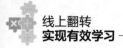

这道题出现了答案不一的情况。我利用软件，现场拖动位置给学生去确认最终答案。另外，在学生现场活动或讨论或研究问题的时候，教师可用平板拍照或录像，之后在大屏幕同步播放。这样投放和回放学生的学习生成过程更加直观。

课上平板教学

智慧教学之路漫漫，吾将上下而求索。智慧教学就在我们的课堂翻转中练就。

第四篇

"三段四环"翻转课堂
设计与策略运用反思

"三段四环"的教学设计是基于信息化与学科知识融合的教学设计，基于网络应用平台与微课的使用。课前、课中、课后三段式的学习过程创设了一个立体的教学时空，让学生在这个时空里能自主地使用资源进行有效的学习探究。学习过程是一个整体过程，"三段"是这个整体的关联组成部分。课前导学是学生对微课及学习平台资源的自学，有利于培养学生的终身学习习惯。课中导学是解决自学疑难问题的重要阵地，有利于提升学生的高阶思维与能力。课后辅学是解决因材施教"最后一公里"的问题，针对学生存在的个人问题有的放矢地进行辅导，让孩子们经历学习的全过程，有效达成教学目标。

　　我们在设计翻转课堂的教学时着重从"学习内容""学习目标""学习者特征"三大块去思考，让老师作为教学的引导者、组织者，脑中有内容、心中有标准、眼中有学生。教学实施从"课前任务""课上任务""课后反思"三大块开展，以任务驱动的方式把学习主动权还给学生，让学生在学习过程中养成学习自主性，彻底翻转原有的给学生"喂"知识的教学行为。把课堂还给学生是我们课题研究的最终目的，让学生做课堂学习的主人是我们教学最迫切的目标。我们对于小学数学高年级内容进行设计并实验后反思，以"三段四环"翻转设计革新原来的教学流程、激发了学生的学习积极性，在推进有效教学中收到一定的效果。

"小数乘整数" 翻转学习设计与策略运用反思

课题名称 小数乘法

教学内容 小数乘整数

总 课 时 小数乘法共9课时

翻转课时 第1课时

一、学习内容分析

"小数乘整数"这个知识点是学生初次接触。对于例1、例2，学生利用已有的整数乘法知识经验算出结果是没有问题的，因而学生通过微课先学能解决大部分学习疑问。但如何让小数乘整数在计算时更科学、更符合学生年龄认知，为小数乘小数做好铺垫和迁移，并因之形成一个普遍的方法，还是有一定困难的。因此，在学生呈现多种算法时，教师要重点引导分析与小数乘法有联系的方法，让学生理解算理。通过这样的思考和表述，培养学生的数学思考能力。

二、学习目标分析

（1）使学生理解和掌握小数乘整数的计算方法，能正确地进行小数乘整数的计算。

（2）让学生经历自主探索小数乘整数的计算方法、理解算理和解释算法的过程，体会转化的数学思想，初步培养学生学习的迁移能力和推理能力。

三、学习者特征分析

五年级的学生对整数乘法算理与算法已经掌握得比较熟练，只要能找到整数乘法与小数乘法联通的桥梁，发现其中关系的迁移就能掌握小数乘整数的算

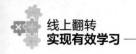

理，这是学习时的难点。因此，培养学习者的迁移意识是本课核心素养培养的目标。通过微课视频，让学生初步理解小数乘整数的计算算理，初步掌握小数乘整数的计算方法。

四、课前任务设计

（1）观看微课视频。

（2）完成导学单。

五、课上任务设计

（一）创设任务，目标互知

教师：同学们都观看了关于小数乘整数一课的微视频，你们有什么收获，谁愿意与大家分享？

问：怎样计算小数乘整数？

目标：这节课我们一起掌握小数乘整数的方法，理解计算过程中的运算方法与运算原理，做到既会算又明白为什么这样算。大家加油啊！

（二）问题驱动，探究新知

（1）小数乘整数到底是怎样计算的呢？

（2）小数乘整数为什么可以这样算？

再观看一遍视频，结合视频让学生说出算理，进一步了解小数乘整数的计算方法。

（3）引导学生归纳小数乘整数的计算方法。抓住关键四步进行总结。

算——先按照整数乘法算出积；数——再看因数中有几位小数；移——就从积的右边起数出几位点上小数点；去——积的小数末尾的 0 可以去掉。

1. 列竖式计算。

4.8×5　　　4.28×20　　　3.2×17　　　0.18×42

2. 我会改错。

$0.804 \times 6 = 0.4824$　　　$3.4 \times 300 = 1002$

3. 生活应用。

牛奶 4.5 元 / 瓶　　　矿泉水 2.3 元 / 瓶　　　球衣 128.5 元 / 件

（1）买 6 盒牛奶需要多少钱？

（2）买 12 瓶矿泉水 +1 件球衣一共要多少钱？

（3）你还能提出哪些数学问题？

（三）练习巩固，效果反馈

这些题目对于已经掌握了小数乘整数的计算方法的同学们来说太简单了。老师给大家准备了一道思维挑战题目，你们能接受我带来的任务吗？组长领回任务，完成题目，并想办法讲给同学们听。

（1）读题：一个物体从高处下落，第一秒下落了 4.9 米，以后每秒都比前一秒多 9.8 米，经过 4 秒后，物体落地。这个物体下落前距离地面多少米？

（2）组长负责提问：要求什么？先求什么？怎么求？

（3）梳理思路，列出算式并计算结果。

（四）迁移知识，拓展素养

通过这节课的学习你学会了什么？（突出计算方法）

用什么方法解决的？（突出转化的思想，并板书转化）

有没有新的发现与思考？（重点：先按整数乘法算出积，再数因数中有几位小数，就在积中点几位小数，有学生可能会拓展到小数乘小数的题目）

A：算一算，我们班数学书分别要多少钱？

B：7.2+7.2+7.2+7.2+……………+7.2= ？　　　　（999 个 7.2 相加）

六、教学设计及策略运用反思

本节课发挥了翻转课堂先学后教的优势，大胆尝试新教法，通过学生课前自学和导学单完成，初步"实现能学会的不讲"，在课堂上，我采用"三翻"引导探究的方式，充分地体现出以学为中心的翻转课堂设计理念。

（1）一翻角色：学习是学生自己的事，确立了学生的主体地位，一切活动都是学生自主参与。课前学生到各大超市做调查完成导学单部分内容，收集发票等有小数和利用小数乘法计算的单据，初步接触小数应用乘法的知识，再自主学习微课视频完成导学单，这其实已经自主完成知识的基础性学习。角色翻转让学生成为学习真正的主人，较好地发挥了学生的学习探究积极性。

（2）二翻方式：本课主要采用了问题引导式。通过问题驱动学生的探究过程，使学生高阶思维始终在思考的状态，让深度学习真正地发生。例如，当教学 0.8 乘 3 时，我利用书中原始的教学情境提问：如果每千克西瓜 8 角，那么

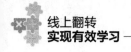
买 3 千克西瓜需要多少钱？学生对于元、角、分之间的进率掌握已经相当不错，所以，学生易于明白，易于发现规律，掌握算法。本课使学生收集问题，解决问题，真正经历了探究的过程，真正把生活中的数学带到了课堂中来，使数学教学活动成了教会学生学习内容，师生合作探究、发现的过程。

（3）三翻学习流程。告知学生答案是最容易的，但也是最失败的教学行为。小数乘法教学中，我鼓励学生自己列竖式计算，尝试算出结果。在解决如何列竖式的问题上，我首先去了解学生列竖式的写法，尽管学生在尝试列竖式的过程中出现了一些错误，但这些错误为学生理解竖式的写法提供了很好的学习素材，帮助学生分析错误的原因后总结出了算法。这一环节在实施的过程中，速度偏快，应该让学生体会出错误原因，认识到计算时是按整数乘法的计算法则进行的，因此过程中不点小数点，算出积后再点小数点。接下来，让学生观察积的末尾有零的情况，体会到应该先点小数点再化简。最后，让学生总结小数与整数相乘的计算方法。

"积的近似数"翻转学习设计与策略运用反思

课题名称　小数乘法
教学内容　积的近似数
该内容总课时　9课时
翻转课时　第6课时

一、学习内容分析

"积的近似数"是义务教育标准实验教材小学数学五年级上册第一单元的内容。这部分内容是在学生已经掌握了小数的意义和性质的基础上进行教学的。本节课采用的最主要的教学方法是尝试法和讲授法。让学生经历知识回顾（复习旧知）—自主尝试（利用迁移）—合作交流（掌握算法）—拓展应用（强化算法）—巩固提高（提升能力）的教学模式。通过巩固题与拓展题的设计，让学生发现实际运用中应根据实际情况的需要来选择积的近似数，灵活解决实际问题。本节课主要采用的学习方法是旧知识迁移法，体现学生的自主性，学生能够根据学过的知识，主动探索，学习新的知识。因此，本节课重点是：根据要求，按"四舍五入"法保留一定的小数位数。难点是：根据实际需要正确求积的近似数。

二、学习目标分析

（1）掌握用"四舍五入"法取积的近似数的方法，感受求积的近似数的必要性。

（2）经历利用小数乘法、近似数两方面的知识迁移来探索求积的近似数的过程，提高自主学习能力。

（3）在解决问题的过程中，使学生经历有条理的思考过程，体会数学知识间的内在联系，体验数学学习的乐趣。

三、学习者特征分析

在四年级时，学生已经学习了整数的四舍五入法保留和小数的四舍五入法保留等方法，学生对小数保留的认识已经比较深入。对小数的数位和位数的认知很关键，本知识点只是进一步应用，是通过对积的保留而实现应用。通过复习四舍五入法和小数的乘法运算，观看微课视频，利用知识迁移，让学生初步学会用四舍五入法求积。

四、课前任务设计

（1）观看微课视频。

（2）完成导学单。

五、课上任务及策略设计

（一）创设情境，目标互知

目标引问：同学们都复习和观看了小视频，在复习和观看过程中又遇到哪些问题或有什么疑惑的地方吗？（师生充分交流）

知识回顾：

（1）用"四舍五入"法求出每个小数的近似数。（爱学平台课件出示）

四舍五入法保留

	保留整数	保留一位小数	保留两位小数
1.436			
16.574			
6.995			

学生独立完成后，集体订正。

举例说一说四舍五入法求近似数的方法。（如6.995保留整数只看十分位，十位是9，大于向前一位进1，所以保留整数的结果是7；保留一位小数只看百分位，百分位是9，向前一位进1。所以保留一位小数的结果是7.0；同理，保

留两位小数的结果是 7.00）

目标导问：思考，怎样用四舍五入法取它们的近似值？

师生交流尝试归纳。

（保留到几位小数就看精确数的下一位，下一位小于 5 舍去，大于或等于 5 就向前一位进 1。）

（2）口算下列各题，并说一说积有几位小数。

$2.1 \times 0.4=$ $0.6 \times 0.7=$ $0.11 \times 0.3=$ $0.23 \times 0.02=$

小数乘法计算的积往往小数位数很多，在实际应用中，小数乘法的积往往不需要保留很多的小数位数。这时可以根据需要，按四舍五入法保留一定的小数位数，求出积的近似数。

设计意图：复习四舍五入法，为学习本课新知扫清障碍。复习小数乘法，结合积的小数位数初步感知求积的近似数的必要性。

（二）问题驱动，探究新知

驱动问题 1：同学们，你们知道什么动物的嗅觉最灵敏吗？（生回答）所以人们常用狗来帮助侦查（出示主题图）。

那狗的嗅觉到底有多灵呢？我们一起来看一组数据。

出示例 6：人的嗅觉细胞约有 0.049 亿个，狗的嗅觉细胞的个数是人的 45 倍。

驱动问题 2：狗约有多少个嗅觉细胞？（得数保留一位小数）

（1）找出已知条件和问题并列出算式。

生列式：0.049×45。（求狗约有多少个嗅觉细胞就是求 0.049 亿的 45 倍是多少。）

（2）计算结果，想一想结果有什么要求，独立解决问题，然后与同桌交流算法。

（3）生板演后，全班交流。

（师引导汇报：①按小数乘法去计算；②根据"狗约有多少个嗅觉细胞"和"得数保留一位小数"这两个条件可知并不需要精确到小数点后这么多位；③按着四舍五入法将积的结果保留一位数。

注意强调方法：保留一位小数看积的第二位，积的第二位是 0，小于 5，舍去。）

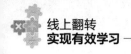

（5）教师小结：求积的近似数，先算出积，然后看需要保留数位的下一位数字，再按四舍五入法求出结果，用"≈"连接。

介绍口诀：四舍五入方法好，近似数来有法找；

保留哪位看下位，再同数 5 作比较；

是 5 大 5 前进 1，小于 5 的全舍掉；

等号改成约等号，使人一看就明了。

（三）练习巩固，效果反馈

【希沃课件测试单】

1. 快而准，我会填

3.4×0.91=3.094

积保留一位小数是（　　　　）。

积保留两位小数是（　　　　）。

2. 算一算，我最棒

0.8×0.9（得数保留一位小数）　　　1.7×0.45（得数保留两位小数）

3. 生活通，我最行

一种大米的价格为每千克 3.85 元，买 2.5 千克应付多少元？

（独立完成后找保留两位小数的同学说一说：为什么没有要求取近似数，你还是保留了两位小数？联系生活实际引导得出人民币的最小单位是分，所以我们最多只能保留两位小数，再多就没法付钱了。）

4. 悟空眼，我能选

（1）4.996 保留两位小数是（　　　　）。

A. 5　　　　　　　　　B. 5.00　　　　　　　　　C. 4.99

（2）两个因数的积保留三位小数的近似数是 6.357，准确数可能是（　　　　）。

A. 6.3578　　　　　　　B. 6.3564　　　　　　　C. 6.3566

设计意图：在教学例题后，增加一道计算钱数的练习，旨在拓展延伸，让学生灵活掌握求积的近似数的方法。通过练习，让学生认识到在收付货币时，通常只算到"分"，一般只保留两位小数，增强学生应用的自觉性。通过总结求积的近似数的方法，促进学生思维的内化，提升迁移、类推能力。

（四）拓展迁移，素养提升

这节课你有哪些收获？突出对计算方法的规律归纳与迁移总结。

我国很早就运用四舍五入这个方法了。公元前 2 世纪的《淮南子》一书就记录了采用四舍五入的方法来写整数。公元前 237 年，三国时期的魏国人杨伟编写"景初历"时，已对这种四舍五入法做了明确记载："半法以上排成一，不满半法废弃之。""法"这里指的是分母，意思是说，分子大于分母的一半的分数可进 1 位，否则就舍弃不进位。公元前 604 年的"皇极历"出现后，四舍五入的表示法更加精确，和现在的完全相同。

设计意图：本环节设计的内容体现了练习的层次与梯度，为学有余力的同学提供了提升的空间，有效促进学生思维的发展，提高其解决问题的能力。

六、教学设计及策略运用反思

本节课教师充分利用翻转课堂的特点：先学后教，解决核心问题，把学生的学放在教学研究中心。一切行动以学生深入探究为前提，以问题驱动学生已有知识，有效利用知识迁移，使学生实现独立探索新知的目的；教学中紧紧抓住积的近似数的现实背景展开教学，让学生充分体会了积的近似数的应用价值，提高了学生解决实际问题的能力。

（1）"三段四环"先翻策略：积的近似数是统计学意义的数感素养的重要内容。以学生的先学为手段，让学生充分理解积的近似数与数的近似数是一致的，由难变易，提升目标指引的作用；进一步明确道不同但理是一样的，解决了算法与算理在理解上的一致性问题。

（2）"三段四环"后转策略：先翻是为了更深入地探究，积的近似数这种纯属数理的理解抽象性会比较大，知识坡度比较明显。在铺垫了数的近似数基础上再进行学习会减轻学生思维与理解上的难度，这是后转策略。即通过合理的调控与设计使课堂的学习更有深度，激发了学生的学习兴趣。

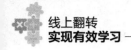

"整数乘法运算定律推广到小数"翻转
学习设计与策略运用反思

课题名称 小数乘法

教学内容 整数乘法运算定律推广到小数

总 课 时 9课时

翻转课时 第7课时

一、学习内容分析

"整数乘法运算定律推广到小数"是义务教育标准实验教材小学数学五年级上册第一单元内容。这部分内容是在学生掌握了整数的四则运算和简便算法，以及小数加减法的基础上进行教学的。本课的教学重点是：探索、发现、理解整数乘法运算定律在小数乘法中同样适用。教学难点是：运用运算定律进行小数乘法的简便计算。

二、学习目标分析

（一）素养目标

（1）初步体会整数的运算定律在小数中仍然适用。

（2）能运用乘法运算定律使小数计算简便。

（二）过程与方法

（1）让学生经历独立思考、合作探究的过程，培养学生的观察比较的能力，以及合理运用所学的知识解决新问题的能力。

（2）发展学生思维的灵活性，培养学生感悟、运用知识的能力。

（3）通过复习旧知识、自学教材中三个关系式，观察与分析，将旧知识迁移到新知识里，培养学生迁移类推的能力。

（三）情感态度与价值观

（1）引导学生积极参与探索、思考的过程。

（2）培养学生独立思考、认真审题、灵活运用运算定律简算的习惯和能力。

三、学习者特征分析

五年级的学生处于直觉思维发展比较突出的时期，对数的抽象和灵活运用需要在思维敏捷和判断两方面下功夫。通过回顾整数乘法运算定律和观看整数乘法运算定律推广到小数的微课视频，让学生利用知识迁移，初步体会整数的运算定律在小数中仍然适用，同时能初步理解和运用乘法运算定律使小数计算简便。

四、课前任务设计

（1）观看微课导学视频。

（2）完成导学单。

五、课上任务及策略设计

（一）唤醒记忆，明确目标

（1）同学们都复习和观看了小视频，能说一说整数乘法有哪些运算定律吗？

（师生交流，归纳板书。）

（2）课前，老师让同学们尝试完成下面的题目，并说说它们分别应用了哪些运算定律。现在我们来看看同学们完成的情况。（通过平板拍照展示，共同点评）

$25 \times 73 \times 4$ $68 \times 125 \times 8$ $125 \times （10+8）$

平板出示：

$25 \times 73 \times 4$ $68 \times 125 \times 8$

$=25 \times 4 \times 73……（乘法交换律）$ $=68 \times （125 \times 8）……（乘法结合律）$

$=100 \times 73$ $=68 \times 1000$

$=7300$ $=68000$

$125 \times （10+8）$

123

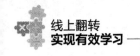
=（125×10）+（125×8）…（乘法分配律）

=1250+1000

=2250

（3）目标追问：观看视频后，你有哪些收获？

师生达成共识：整数的运算定律对于小数照样适用，方法与规律是一样的。

（二）问题驱动，探究新知

（1）师：是不是真的如此呢？我们尝试做一做。

（在原式上加小数点变为小数乘法，学生发现整数乘法变成了小数乘法。）

0.25×7.3×4　　　　　　6.8×1.25×8　　　　　　1.25×（10+8）

提问：你准备怎样算？（学生仿照上面的整数简便运算直接用了相同的简算方法。）

（2）质疑。

师：对于小数乘法，能应用整数乘法运算定律吗？

生：（齐声）能

师：这么肯定！怎么知道的？

生：猜的……

师：猜想不一定是对的，还需要验证。怎样验证？

生1：计算算式两边是不是相等。

生2：利用小数点的移动引起小数大小的变化验证。

生3：利用小数的性质来验证。

（3）验证。

师：请动笔算一算，利用定律得到的算式与原式是否相等。

学生独立计算，汇报结果。

通过笔算发现：计算验证所得的结果都与应用简算求得的结果一致。（课件演示）

（4）明确要求。

师：对于数学知识，一个例子不足以说明问题，接下来让我们发挥集体的力量，在小组内交流，并请小组长作好记录。

（出示小组合作要求）

说一说：说说你对每个定律的理解。

写一写：根据每个定律写一个小数乘法的例子。

算一算：算出两边算式的结果，看是否相等。

议一议：通过举例，你有什么发现？

（5）小组合作。

小数乘法运算定律的探究报告单

乘法运算定律	字母表示	举例
乘法交换律		
乘法结合律		
乘法分配律		

学生小组活动，填写报告单，2~3个学习小组上台板演。

（6）师生交流。

① 汇报：分组代表汇报。

师：仔细看一看这组同学的成果，其余组有什么补充？

② 小结。

师：我们通过实例推导得出乘法交换律适用于小数乘法的结论，也就是整数乘法运算定律同样适用于小数。

通过实例，学生发现在小数中应用整数的运算定律所得的结果与直接笔算所得结果完全一致，从而发现整数的运算定律同样适用于小数。（板书课题）

（三）练习整理，效果反馈

师：通过刚才的学习，我们明确了小数中应用整数的运算定律所得的结果与直接笔算所得结果完全一致，这说明整数的运算定律同样适用于小数。那么现在我们就来利用整数的运算定律使下列计算变得简便。

1. 快而准，填一填

① $0.25 \times 4.78 \times 4 = 4.78 \times (\underline{\quad} \times \underline{\quad})$

$0.65 \times 201 = \underline{\quad} \times \underline{\quad} + \underline{\quad} \times \underline{\quad}$

② $0.034 \times 0.5 \times 0.6 = \underline{\quad} \times (\underline{\quad} \times \underline{\quad})$

$102 \times 0.45 = \underline{\quad} \times (\underline{\quad} + \underline{\quad})$

要求学生自主选择一组习题，完成后和同桌讨论，说说自己使用相关定律进行简算的理由。

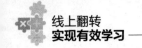

抽学生口答——先说括号中应填的数，再说出对应的运算定律。

重点要求学生阐述自己的计算过程和选用相关定律的依据。

学生在能运用定律进行小数乘法简算时，能否快速正确判断简算方法成为训练的必须，因此我设计了以下环节。

2. 大智慧，玩游戏

规则：四组各选一名学生上台到信封里抽一个数，抽到这个数只能放到本组算式里，看能否组成一道能简便的算式

第一组：$0.25 \times 8.5 \times ($ $)$

第二组：$1.28 \times ($ $) +0.72 \times 8.6$

第三组：$0.85 \times ($ $)$

第四组：$3.12 \times 99+ ($ $)$

（8.6   4   3.12   99）

由于是从这四个数中任意抽取，教师可以让学生先观察，再抽数。

追问 1：想一想：你希望你们组抽到几？为什么？

学生抽数，贴好。

学生可能抽取到的数不能与算式进行简便运算。同时，有可能对于抽到的数，学生不能第一时间准确判断能否进行简算。此时教师要注意调动全班学生进行思考和补救。

追问 2：你为什么叹气？

追问 3：这次运气不好没关系，我们可以凭聪明才智改变运气。

（由于是随机抽取，产生的组合多种多样，教师可以利用其中存在的不确定性进一步训练学生对试题的观察力和分析力，同时为接下来的本课知识的难点突破积蓄能量。）

（四）拓展迁移，升华内化

1. 看谁的眼光准

规则：四组各选一名学生上台到选择填写四组数据，根据自己的判断放到合适的算式里组成一道能简便计算的算式。

$0.25 \times ($ $)$

$0.47 \times 7.5 - ($ $) \times 6.5$

$0.125 \times 0.25 \times ($ $)$

$18.4 \times 101-$（　　　）

（0.47　　36　　18.4　　8　　）

追问4：这次大家满意吗？这些算式怎样简算呢？动手算算。

2. 灵活用一用

教学楼侧有两块草地，如图。这两块草地的面积各是多少平方米？

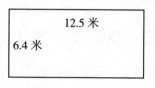

① 引问：该怎样计算？同学们先动脑想想，动手算算。

学生独立思考，小组内交流想法。

② 追问5：哪种方法最简便？

（学以致用，学习的根本目的是能运用所学知识解决一些实际生活问题，这里不仅利用本堂课所学知识解决了实际问题，同时复习长方形、正方形的面积计算知识，为本期学习多边形面积计算做好铺垫。）

3. 我的头脑最灵活

巧算：$4.7 \times 0.35+0.47 \times 6.5$

追问6：看到这道算式，想到什么运算定律？能不能直接用？缺少什么条件？

学生独立完成，交流想法。

（对学有余力的学生有所提升，培养学生的观察、分析能力，使学生的思维得到锻炼，让学生认识到数学学习的趣味性、挑战性，有效地开阔学生的视野，满足学生的探究欲望。）

追问7：今天我们学习了什么知识？我们是怎样获得知识的？

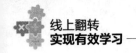

（通过学生的归纳总结，对本堂课的知识进行总体把握，能有效地训练学生的语言表达能力和梳理记忆本堂课的重难点）

六、课后辅学任务设计

师：学习后看看自己的笔记，还有什么不懂的问题可以当面问老师或留言给老师，我们一起攻克难关。

七、教学设计及策略运用反思

本节课教师充分利用学生已有知识展开教学，有效利用知识迁移，在教学过程中，教师的作用只是引导点拨，不把知识强迫灌输给学生，而是让学生自己猜测、发现、验证，经历知识形成的过程，有效地实现翻转学习。

"位置"翻转学习设计与策略运用反思

课题名称　位置

教学内容　位置

总 课 时　2课时

翻转课时　第1课时

一、学习内容分析

本节课是义务教育教科书人教版教材五年级上册第二单元第一课时。这节课属于图形与几何领域的知识。学生在一年级学习了用上、下、左、右、前、后确定位置,三年级学习了用东、西、南、北等词语描述物体方向。在此基础上,本单元进一步在具体的情境中用列与行这两个因素来确定物体的位置,并学习用数对表示具体情境中物体的位置,继而为沟通位置与方向的联系(六年级上册根据方向和距离两个参数确定物体的位置)以及图形与坐标的学习打下良好的基础。本节课教材在编排时安排了两个层次的内容:一是让学生能用数对表示具体情境中物体的位置。二是让学生会在方格纸上根据数对确定物体的位置。

基于上述教材结构和内容分析,本节课的教学重点是:理解数对的含义,会用数对确定具体情境中物体的位置。教学难点是:掌握在生活情境中确定位置的数学方法,理解起始列、行的含义。这样的目标设计,使我更多地关注学生的学习过程和情感体验,从而使学生在数学活动中,感悟数学思想,发展各种能力。

二、学习目标分析

(1)知道能用两个数据确定物体在平面中的位置,理解列与行的含义,知

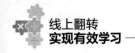
道确定列与行的规则。

（2）初步理解数对的含义，会用数对确定具体情境中物体的位置。

（3）体验数学与生活的联系，进一步增强学生用数学的眼光观察生活的意识。

（4）发展学生的观察能力、概括能力，培养学生的空间观念，渗透数形结合的思想、一一对应的思想，体验数学交流的简洁性。

三、学习者特征分析

通过微课视频的学习，让学生初步知道能用两个数据确定物体在平面中的位置，理解列与行的含义，知道确定列与行的规则，初步理解数对的含义，会用数对确定具体情境中物体的位置。

四、课前任务设计

观看微课，认识什么叫行，什么叫列，如何用数对表示位置，数对中的每个数分别表示什么。

（1）观看微课视频。

（2）完成导学单。

五、课上任务及策略设计

（一）创设任务，目标互知

（1）自学回顾：同学们都观看了关于"位置"一课的微视频，并完成了相应课前导学单。现在我们一起来看一看。

用课件出示导学单：

1.用数对表示平面图中的位置时，我们规定：竖排叫（　　），横排叫（　　），表示第几列一般从（　　）往（　　）数，表示第几行一般从（　　）往（　　）数。

2.小明去看电影，他的位置在第4列第5行，用数对表示是（　　）。

3.一个物体的位置用数对表示是（2，7），那么它在第（　　）列第（　　）行，（8，7）表示第（　　）列第（　　）行的位置。

师生共评，诊断学生的自学整体情况。

（2）质疑任务：在自学中，同学们碰到了哪些疑惑的地方？

师生交流并在课件上做好记录，为下面的学习进行铺垫和梳理。

下面，我们就根据同学们在课前预习中遇到的问题，进一步探索用数对表示位置的问题。

（二）问题驱动，探究新知

1. 出示例图，引导交流。

问题1：这是小军班级的座位情况，你能说说他们的座位是怎么分布的吗？

问题2：你能用我们学过的知识来描述一下小军的位置吗？

学生交流，汇报回答。出现小军在第4组第3个或小军在第3排第4个等说法，追问：你是怎么看的？

问题3：刚才几位同学都描述了小军的位置，但说法却有所不同，为什么同一个位置却有不同的说法呢？

生：可能是观察的位置不同、角度不同……

问题4：如果我们不知道小军的位置，听了刚才同学们的发言，能一下子顺利从图中找到吗？你觉得用这些办法描述小军的位置有什么缺点？

生：不够清楚，容易产生误解，乱。

问题5：那么，怎样才能简洁、准确地描述小军的位置呢？今天这节课我们就一起来进一步学习确定位置。

（板书：确定位置）

2. 分析理解，探究规律

（1）核心任务1：认识列和行，找准对应

师：在数学上，我们通常会用列和行来描述某个人的具体位置。习惯上把竖排叫做列，横排叫做行。[板书：（竖排）列（横排）行]

问题6：在教室里比画一下，列在哪里？行在哪里？（学生随老师集体比画）

师：确定第几列的时候都是从观察者的左边起往右边数，（板书：左→右）谁是观察者呢？现在老师和同学们都面对着这张座位图，都是观察者。

师：我们大家都是观察者，以观察者最左边为第1列，所以第1列在这，（课件依次出现第1列、第2列……第6列）问：一共有几列呢？

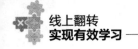
师：确定第几行时一般都是从前往后数。（板书：前→后）

师：找到第 1 行了吗？我们一起来数一数。

课件依次出现第 1 行、第 2 行……第 5 行。

师：一共有几行？（生：5 行）

铺垫：指第 1 行第 1 列的学生。问：这个学生坐在第几列第几行？

老师再指几个位置让学生说出这个学生坐在第几列第几行。

师：那小军呢？生：小军在第 4 列第 3 行。（板书：第 4 列第 3 行）

（2）核心任务：认识圆圈图，学习用数对确定位置。

引导：如果把每个同学的座位用圆圈表示出来，每一列要画几个圆圈？一共要画几列？课件逐步呈现表示座位的平面图。

引导：图中的第 1 列在哪里？（最左边）第 1 行呢？（最下面）

课件分别标出各列各行。

师：第 1 行第 1 列在哪里？

（3）核心任务 3：学习用第几列第几行表示位置。

师：现在你还能用列和行指出小军的位置吗？你又是怎么想的呢？谁来到上面来边指边说？（学生上黑板指）

师：对了，先从左往右数第 4 列再从前往后数第 3 行。（边说边课件演示）

指名学生回答，教师板书（板书：第 4 列第 3 行）。这就是小军的位置。

师：我们已经会用列和行确定一个同学的位置了，小军的好朋友小明在这（课件指出），你能说出他的位置吗？

生：第 2 列第 4 行。

师：小红坐在第 5 列第 2 行，你能找出她坐在哪吗？

学生上台指。

（4）核心任务 4：学习用数对表示位置。

师：看来用第几列第几行来描述位置这个方法真不错，让我们有了一个统一的说法。你会用这样的方法记录他们（师指图）的位置了吗？让我们一起试一试。

师任意指图中的位置，速度先慢后快。

（学生的记录跟不上）

第一种可能：太快了，来不及记。

第二种可能：有些学生只记数字就能跟上。

师选取记得快的学生，将他的记录板书在黑板上。

第一种可能：

师：怎么办？有没有办法记得更快呢？比如，这里小军的位置可以怎么表示呢？先想一想，然后在随堂本上写一写，也可以同桌间互相讨论一下。

交流：43；4，3；（4，3）（根据学生生成展开讲解）

师：我们来观察一下黑板上这几种表示方法有什么共同点。（都有数4、3）

谈话：同学们都知道用两个数来表示小军的位置了，有些同学的想法和数学家笛卡尔的表示方法很接近了。

第二种可能：

师：你能看懂吗？板书：（4,3）。"4"表示什么？（第4列）"3"表示什么？（第3行）写的时候先写列，再写行，这两个数前后的顺序是不能颠倒的。为了加以区分，中间用逗号隔开，外面加上一个小括号，说明它是一个整体。像这样的一对数，数学上叫做数对，这就是我们今天研究的内容：用数对确定位置。（板书补充课题）

（5）核心任务5：感知数对。

师：这个数对读作四三，小军的位置是第4列第3行，用数对表示是（4，3）。

现在你能用数对表示小明和小红的位置吗？（学生上黑板写一写）

师：（6，5）这个数对在图中表示哪一个位置？你能在图中找到吗？谁来指一指？〔板书：（6，5）第6列第5行〕

师：现在老师请一个同学上来做小老师，他指你们来说出相应的数对。

一个学生上台指，下面的学生回答。

师：老师再请一个学生上台做学生，下面的同学做小老师向他提问，你们说数对，让他来找一找。

师指黑板上（4，3）和（3，4）。

交流：看这两个数对，（4，3）和（3，4），你有什么发现？

（数字相同，写的顺序不同。）

问：它们表示的位置一样吗？为什么？

追问：那么，你们认为在写数对时，要注意什么问题呢？（先写列数后写行数）

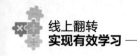

师：真好。列和行表达的意思不同，数对中两个数的顺序不能任意颠倒。

问：这个数对（5，5）有点特殊，特殊在哪？

生：有两个5

师：这两个5表示的意思一样吗？

生：不一样，第一个5表示第5列，第2个5表示第5行。

师：如果老师还想确定一些同学的位置，你们认为是用第几列第几行表示好呢，还是用数对表示好？为什么？

生：数对，因为这种方法很简单，简洁。

（三）基础练习，效果反馈

生活中的数对

（1）用数对表示自己的座位。

师：刚才我们用数对很快确定了圆圈图上的位置，那你能用数对表示自己在教室中的座位吗？

生：能。

师：好的，老师相信你们。要用数对表示自己的位置，必须先从观察者的角度找到自己座位所在的列和行。你们认为现在观察者的角度在哪？

师：请同学们想象，自己站在老师这个位置。

师：现在我们来玩个听口令做动作的游戏。（希沃课件演示）

听好了，请第一列的同学起立。第3列的同学拍拍手。请第1行的同学起立，请第5行的同学挥挥手。

（评价：同学们的反应真快！）

课件出示：

师：想一想自己坐在第几列第几行，用数对把自己的位置写下来。写好的同学跟你的同桌说一说你坐在哪。

师：老师和大家一起来检查同学们写的数对。检查的方法是：老师说一个数对，当你听到的是你所在位置的数对时，马上站起来，大声说"是我"。其他同学也别闲着，马上喊出那位同学的名字。我们比一比，是他自己反应得快，还是我们大家反应得快。准备好了吗？

师：有位同学坐在（1，1）的位置。

……

（2）用数对表示好朋友的座位。

师：自己的位置能用数对表示了，那你的好朋友坐在哪里呢？请你用数对说一说好朋友的位置，我们大家猜一猜是谁。

师：请数对是（4，2）的同学介绍一下你的好朋友

……

（3）用数对表示一列或一行同学。

师：看来这难不倒大家，现在老师要提高难度了。（课件演示）

请数对为（6，Y）的同学起立。

生起立。

师：老师来采访一下，你是第几列第几行的？你呢？为什么起立的有这么多同学呢？

（课件演示）

师：（比画第2行），现在老师想让这一行的同学起立，你能用一个数对表示出来吗？

生：（X，2）

师：你是怎么想的？

生：因为是第2行，不确定是第几列的，所以是（X，2）

师：老师这里还有一个数对（X，X）（板书）请符合要求的同学起立。

（这里有疑问，有学生站错，或全班都站了。）

师：老师再给你们一个机会，思考一下。

有学生反应过来，陆续坐下，请一个学生说明。

师：如果要让全班的同学起立，你能用一个数对表示出来吗？〔生：（X，Y）〕

师：如果想要确切知道某一个同学，我们必须知道什么？

生：列和行。

师：你们真聪明。数对中缺了列和行都不行，都不能准确地表示出一个人的位置，因此，我们以后写数对的时候一定要仔细认真。

（四）拓展能力，迁移提升

数对不仅可以确定一个人的位置，在日常生活中的很多方面也有重要应用。

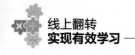

1. **能力挑战 1：练习三的第 2 题**

（1）引导：这是小明家厨房的一面墙上贴着的瓷砖，你能用数对表示这四块花色瓷砖的位置吗？（出示题图）

（2）提问：（指同在第 3 列的两块瓷砖）这两块瓷砖的位置有什么共同特点？用数对表示时，有什么相同的地方？

（在同一列的瓷砖，数对中第一个数相同）

（指同在第 4 行的两块瓷砖）这两块瓷砖的位置用数对表示时，有什么相同的地方？

（在同一行的瓷砖，数对中第二个数相同）

2. **能力挑战 2：练习三的第 3 题**

师：这是学校会议室铺的地砖，你能用数对表示这几块花色的地砖的位置吗？

请你写在自己的书上。学生完成后，组织交流。

问：你能发现花色地砖位置的排列有什么规律吗？先想一想，再在小组里说一说。

3. **能力挑战 3：介绍经线和纬线**

地球仪上的经纬也是应用了数对的思想。

出示"你知道吗？"学生自学。

师：这是中国地图，这条线是东经 120° 21'。这条线是北纬 31° 43'。此时经线和纬线相交在了一个点上。知道这是哪个城市吗？没错，这就是我们现在所在的城市——张家港市。

4. **能力挑战 4：神奇的文字墙**

师：老师今天还给同学们带来了一面神奇的文字墙（课件出示），为什么说它神奇呢？因为这块文字墙里隐藏着老师要送给大家的一句话，想知道是什么话吗？

生：想！

师：那你们根据这些数对来找出相应的文字，就能知道谜底了。

生书写。

师：找到老师想要跟大家说的话了吗？老师想跟你们说什么？

生齐说：数学是打开科学大门的钥匙。

师：是的，这句话送给大家，相信你们都能拿到这把钥匙，成为最棒的孩子。

六、回顾总结，畅谈收获

师：今天这节课我们学习了什么？你有哪些收获？用数对表示位置的时候，你有什么想提醒大家的？

七、课后辅学任务设计

师：学习后看看自己的学习笔记，还有什么不懂的问题可以当面问教师或微信留言给教师，我们一起攻克难关。

八、教学设计及策略运用反思

纯数学是枯燥的，玩游戏是有趣的，如何更好地将两者融为一体？相信这是每个老师都想做的事情。孩子们想玩、爱玩，每次课堂中途加一些小游戏，孩子的精神瞬时都被提了起来，每个人都积极地加入其中，也就不会存在上课走神的现象。我在设计"用数对确定位置"这一课时，一直在思考着如何让游戏融入课堂，让孩子们快乐地学习。

（一）创设情境导入，产生学习需求

用数对确定位置的教学是在学生已经学习了用第几排第几个描述位置的基础上进行的，例题从孩子最为熟悉的教室座位分布情况出发，唤起了学生对已有的用"第几组第几个"或"第几排第几个"的知识来确定位置的经验，帮助学生找到新旧知识的连接点。学生对于小军位置的描述由于观察方位、角度的不同，产生了多种描述方法。由一个位置可以产生多种表示法做引子，从而产生认知需求：如何才能正确、简明地描述位置呢？由此为教学新知识营造了良好的氛围，有效激发了学生学习新知识的积极性。

（二）有效利用游戏，逐步深化认识

在引出数对这一知识的教学时，我用比赛的形式让学生记录我所指的位置，速度由慢到快，再次产生冲突，学生在表现方法上出现差异，由此感受到了新方法的简便性，为深入系统地学习新知识奠定了良好的认知基础。数对在生活中应用广泛，而最贴近学生生活的要属教室里的座位了，因此我将练习的重点

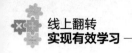
放在了这里。通过用数对表示自己的座位、用数对表示好朋友的座位、用数对表示一列或一行同学的座位、用数对表示特殊位置等一系列活动，激发了学生的兴趣，提高了学生的能力。在游戏中，孩子们既拓宽了知识面，又体会到了用数对确定位置在生活中的应用价值，同时有效地巩固了这一新知识。

（三）多种形式练习，提高学生能力

在巩固练习时，我让学生结合生活实际用数对来确定墙面瓷砖和地面花色地砖的位置。这里我通过比较瓷砖和地砖的位置特征，在观察比较的基础上让学生交流，使学生发现数对中的一些规律。我还结合学校特色，向学生介绍了地球仪中的经纬度也应用了数对的思想，拉近了数对与生活的联系。最后，我利用神奇的文字墙，让学生应用所学的知识发现老师要对学生说的话，体会数学的重要性。

"除数是整数的小数除法"翻转学习
设计与策略运用反思

课题名称 除数是整数的小数除法

教学内容 除数是整数的小数除法

总 课 时 10课时

翻转课时 第1课时

一、学习内容分析

本单元主要学习的内容有：除数是整数的小数除法、一个数除以小数、商的近似数、循环小数、用计算器探索规律、解决问题以及整理和复习。教材在编排时通过晨练、编织中国结、买羽毛球等与现实生活息息相关的情境引出有关小数除法的一系列问题。小数除法的计算法则、试商的方法都与整数除法有关，因此教材重点突出怎样把除数是小数的除法转化成除数是整数的除法，多处以加强提示的方式引导学生探究的过程。商的近似值和循环小数都是进一步研究商。通过学习，学生可以根据具体情况灵活地处理商，并认识循环小数等有关概念。用计算器探索规律，既可使学生学习借助计算工具探索数学规律，又可激发学生的学习兴趣。

本单元的学习重、难点是理解并掌握除数是整数的小数除法的计算方法和让学生理解商的小数点是如何确定的。整数除法和商不变的性质等知识基础对学生理解小数除以整数的学习具有重要的作用。对于小数除以整数的算理，要给学生充分的时间和空间，让学生真正弄懂，那么除数是小数的除法的掌握也就水到渠成。学生在学习这部分知识时，难点是不知道商的小数点要点在哪，

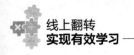

所以教师在教学时，要联系商不变的性质来帮助学生理解算理。

二、学习目标分析

（1）结合具体事例，经历自主解决问题和学习除数是整数的小数除法的计算方法的过程。

（2）理解商的小数点要和被除数的小数点对齐的道理，会笔算除数是整数的小数除法。

（3）积极自主地参与数学学习活动，发展推理能力，并渗透转化思想，获得运用已有知识解决问题的成功体验。

三、学习者特征分析

通过微课视频，让学生初步理解商的小数点要和被除数的小数点对齐的道理，初步掌握笔算除数是整数的小数除法的计算方法。

四、课前任务设计

（1）观看微课导学视频。

（2）完成导学单。

五、课上任务及策略设计

（一）分享交流，目标互知

教师：同学们都观看了"除数是整数的小数除法"一课的微视频，你有什么收获吗？谁愿意与大家分享？

学生交流自学除数是整数的小数除法的方法：按照整数除法的法则去除，商的小数点要和被除数的小数点对齐。

（二）问题驱动，探究新知

1. 驱动核心问题

生活中，李爷爷继承了我们中华民族传统美德——勤俭节约，总是精打细算。昨天，李爷爷看到家福和宽广两家超市有同样品牌的两种牛奶出售，它们每箱的价格分别是 11.5 元和 12.9 元。你们猜猜，李爷爷会去哪家超市买？为什么？

（1）现在，我们走进两家超市看看，从图中你知道哪些信息？

家福商场花牛奶　　　宽广超市水牛奶

两家超市牛奶情况

（2）现在你认为该买哪家超市的牛奶呢？你是怎么想的？

（3）不管怎么猜测，你们始终想建议李爷爷到什么样的超市去买东西？

2. 求家福超市每盒牛奶的单价

活动一：出示驱动问题串 1：

（1）你有什么办法知道哪家超市牛奶便宜？怎样列式？

（2）观察：两个算式有什么特点？与以前学习的除法有什么不同？

揭示课题：小数除法

（3）先估算两家超市牛奶的单价大约是多少。

（4）从估价能不能很快判断哪家超市的牛奶便宜？怎么办？

（5）师：这是一道小数除以整数的算式，现在同学们可以结合自己的生活经验和已经掌握的知识先自己想一想，并且用竖式做一做，然后在小组内讨论交流一下想法。

（6）个别学生在全班汇报算法算理。

师：说说你的计算过程，大家认真听，有什么疑问可以向他提。（学生回答，教师适时点拨）

11.5 元 =115 角

$$
\begin{array}{r}
23 \\
5\,\overline{)115} \\
10 \\
\hline
1\,5 \\
1\,5 \\
\hline
0
\end{array}
$$

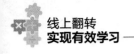
师：他通过单位换算把这题变成了整数除法，为什么要化成115角进行计算？（让学生明确将小数转化成整数进行计算的思想和方法）

$$
\begin{array}{r}
2.3\ \cdots\cdots 3个十分之一 \\
5\overline{)11.5} \\
10\ \ \ \ \ \ \ \\
\hline
15\cdots\cdots 15个十分之一 \\
15\ \ \ \ \\
\hline
0\ \ \ \ \\
\end{array}
$$

①11除以5商2余1，1不够除怎么办？

②5在哪一位上，表示什么？15表示什么？商3应写在哪？怎样表示出3在十分位上呢？（在商中2的右下角点上小数点）

③师：对！3应对着被除数的十分位写，因此要在商的个位2的右下角点上小数点。如果没有小数点，商就变成整数了，所以同学们在计算时一定别忘了这个神奇的小数点。这时商的小数点和被除数的小数点怎样了？（对齐了）

（7）教师引导学生小结。

按整数除法的计算方法完成了小数除法，不过计算时要注意商的小数点要与被除数的小数点对齐。

（8）做小卷1试一试第1小题。指生板演，其余在座位上练习，完成后全班交流。

活动二：驱动问题串2：

（1）宽广超市每盒牛奶的价格呢？你准备怎样计算？通过计算，你认为哪家超市的牛奶便宜？

12.9÷6=（学生用竖式独立计算）

（2）针对学生计算中的困难给予指导。

师提出：遇到什么困难了？除到哪一位出现了问题？当除到小数部分有余数时怎么办？余数3后面的这个0从哪来，可以添这个0吗？和同桌一起研究研究。

（3）全班同学以小组形式讨论交流。

通过交流活动明确除到被除数的末尾仍有余数时，可以添0后继续除。

①师：因为在小数的末尾添上或去掉0，小数的大小不变，所以我们可以在百分位上添0继续除。30表示什么？30个百分之一除以6商几？

②师：现在除到被除数的末尾有余数时，你能解决了吗？请大家把这题做完。

师：我们算出了宽广超市牛奶的单价，那该买哪家超市的牛奶？通过这节课的学习，你们也会精打细算了。

活动三：对比理解

学生独立完成课本"做一做"第3题，比较用竖式计算时与前两道题有什么不同。

（指生回答）生：当被除数的整数部分比除数小，个位不够商1，就在商的个位上写0，点上小数点后继续除。

活动四：总结提炼

（1）思考：今天我们计算的除数是整数的小数除法，与整数除法有哪些相同的地方、哪些不同的地方？

（2）学生自己通过讨论，总结出除数是整数的小数除法的计算方法：

① 除数是整数的小数除法，按照整数除法的法则去除，商的小数点要和被除数的小数点对齐。

② 如果除到被除数的末尾仍有余数，就在余数后面添0继续除。

③ 个位不够商1，就在商的个位上写0，点上小数点后继续除。

（三）练习巩固，效果反馈

1. 试一试

22.4÷7＝   13÷5＝   2.7÷3＝

全班汇报，其他学生质疑。

2. 我是公正小法官（对的打"√"，错的打"×"，并改正）

84÷8=105（   ）   26.52÷13=2.4（   ）

（四）迁移提升，拓展升华

1. 应用迁移

甲、乙两个筑路队，甲队8天修路6.48千米，乙队9天修路10.35千米。哪个队的工作效率高？

2. 拓展回顾

这节课你有什么收获？除数是整数的小数除法应该怎样计算？

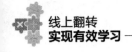
六、课后辅学任务设计

师：学习后看看自己的笔记，还有什么不懂的问题可以当面问老师或微信留言给老师，我们一起攻克难关。

七、教学设计策略运用反思

本节课让学生从熟悉的情境中获取信息，提出问题，重视与学生生活的联系，让学生理解问题的本质。在教学时，我先让学生独立思考，然后学生之间反馈交流算法，最后优化算法，在理解的基础上掌握优化的算法。计算教学要让学生形成一定的技能，我一直遵循计算技能形成的过程：理解算理—明确方法—掌握方法—形成技能，通过先翻转算理的理解，算理通则明，学生的学习效果较好。

"循环小数"翻转学习设计与策略运用反思

课题名称 除数是整数的小数除法

教学内容 循环小数

总 课 时 10课时

翻转课时 第7课时

一、学习内容分析

循环小数是在学生学习了小数除法的意义、小数除法的计算及商的近似值的基础上进行教学的。这部分内容概念较多，又比较抽象，是教学的一个难点。课本的例8，是教学从某一位起一个数字重复出现的情况，为认识循环小数提供感性材料。例9通过计算两道除法式题，呈现了除不尽时商的两种情况：一种是从某位起重复某个数字；另一种是从某位起几个数字依次不断重复出现。由此引出循环小数的概念并介绍循环小数的简便记法。接着，教材用"想一想"的方式组织学生讨论"两个数相除，如果不能得到整数商，所得到的商会有哪些情况"。由两个数相除时商的两种情况，介绍有限小数和无限小数的概念。

以前学生对小数概念的认识仅限于有限小数，学习了循环小数以后，小数概念的内涵进一步扩展了；学生认识到除了有限小数以外，还有无限小数，循环小数就是一种无限小数。从知识角度来看，循环小数是数概念的一次重要扩展，即从"有限"扩展到"无限"，是学生对数的认识的一个飞跃。本节课的教学重点：理解循环小数的意义。教学难点：理解循环小数的意义及判断商是否为循环小数的方法。

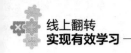
二、学习目标分析

（1）知识目标：使学生初步认识循环小数、有限小数和无限小数，能用简便记法表示循环小数，能用循环小数表示除法的商，并能正确地区分有限小数和无限小数。

（2）能力目标：培养发现问题、提出问题、解决问题的能力，提高观察、分析、比较、判断、抽象概括能力。

（3）情感目标：感受数学的美与学习教学的乐趣，激发探究的欲望，增强学好数学的信心，初步渗透集合思想。

三、学习者特征分析

通过微课视频，使学生初步认识循环小数、有限小数和无限小数，能用简便记法表示循环小数，能用循环小数表示除法的商，并能正确地区分有限小数和无限小数。

四、课前任务设计

（1）观看微课视频。

（2）完成导学单。

五、课上任务及策略设计

（一）导学引入，目标互知

引问：同学们都观看了关于"循环小数"一课的微视频，你们有什么收获吗？谁愿意与大家分享？

学生交流自学循环小数和对循环小数的认识。教师肯定同学们的自学成果，引出课题。

（二）问题驱动，探究新知

师：在生活中类似循环小数这样的现象非常的多，如交叉路口的红绿灯，一年四季，钟表的时针、分针，等等，数学中也存在这种有趣的循环现象。（多媒体课件出示王鹏赛跑的情景图）这些数像刚才同学们所说的，"依次不断重复""循环"。

核心任务 1：使学生用竖式计算算式 400÷75，引导学生在计算过程中发现规律。

引导学生关注主要问题：为什么商的小数部分总是重复出现"3"？学生猜想：如果继续除下去，商会是多少？然后，请学生进行验证。大家一起想办法解决——当商除不尽时用省略号表示，接着介绍循环小数的简便写法和读法，从而使学生初步认识像 5.333…这样小数部分有一个数字依次不断重复出现的小数就是循环小数。

核心任务 2：请学生用竖式计算：28÷18，78.6÷11，然后在小组内讨论：这两个算式能不能除尽？它们的商会不会循环？如果循环，它们是怎么样循环的？

学生独立完成计算，讨论结束后，教师引导观察"比较 1.555…，7.14545…这两个循环小数，说说它们有什么不同之处"。引出循环小数的意义：一个数的小数部分，从某一位起，一个数字或者几个数字依次不断地重复出现，这样的小数叫做循环小数；同时介绍循环节的概念和循环小数的简便记法。

以上整个过程教师不再以讲为主，只是导演，学生则是主角，耳、眼、口、脑、手"全频道"表演，尽情表现。亲身经历、体验、感受循环小数相关概念的形成过程。

核心任务 3：想一想，两个数相除如果不能得到整数商，所得的商会有哪些情况？

计算：15÷16=　　　；1.5÷7=

教师提问：这两个算式的商是整数吗？

学生计算并讨论，汇报。

教师适时引导学生归纳有限小数、无限小数的概念：小数部分的位数是有限的小数，叫做有限小数，如 0.9375 是一个有限小数；小数部分的位数是无限的小数，叫做无限小数，如 0.2142857142857……是一个无限小数；循环小数属于无限小数。

（三）练习巩固，效果反馈

（1）判断下面的数哪些是循环小数，为什么？是循环小数的用循环点表示。

0.9375　　　　　　　　　　1.5353…

5.1281414…　　　　　　　　0.2142857142857…

5.314162…   8.4666…

3.1415926…   0.19292

（2）判断下列各数哪些是有限小数，哪些是无限小数，哪些是循环小数。

① 3.141596……   ② 0.625   ③ 4.1666………

④ 6.5555555   ⑤ 4.8686……   ⑥ 0.00909……

有限小数有（   ），

无限小数有（   ），

循环小数有（   ）。

学习新知后及时反馈，有助于教师及时掌握学生的学习效果，并能根据相应的情况引导学生准确把握概念。这个过程让学生试着独立完成，给学生动脑、动口的机会，体现教师为主导、学生为主体的教学原则。

全部知识学完后我又安排了系统的反馈练习：

1.下面哪道题的商是有限小数？哪道题的商是无限小数？

10÷9   1.332÷4   23÷3.33

2.下面的循环小数，各保留三位小数，写出它们的近似值。

1.29090……（   ）   0.083838……（   ）

0.4444……（   ）   7.275275……（   ）

（3）动脑筋。

循环小数 0.48536536……的小数部分第 60 位上的数是几？第 100 位上的数呢？

这些练习题的形式多样，有趣味性，并联系生活，这样安排既有利于调动学生的主动性、积极性，提高学生的学习兴趣，又有利于学生对概念的熟悉、理解、掌握，达到巩固新知的目的。

（四）拓展迁移，总结提升

让学生自己说说这节课学会了什么，并说说是怎样学到的。

设计意图：让学生对本节课所学的知识有系统的认识，培养学生整理知识的能力，引导学生总结学习方法、达到学会的目的。

六、课后辅学任务设计

师：学习后看看自己的笔记，还有什么不懂的问题可以当面问老师或留言给老师，我们一起攻克难关。

七、教学设计及策略运用反思

本节课教学的是循环小数，通过翻转教学设计让学生用更长的时间去感受小数的分类，深度理解分类的本质，这是非常难得的。对于学生而言，这是一个全新的知识，理解与体验结合是突破的关键。由于这部分内容概念较多，又比较抽象，因此是教学的一个难点。在这节课的教学中，我采用四环节教学。其实，我对于这样一个新接触的教学方法一开始有点不适应，总感觉在教学时"憋得慌"，自己总是想说想讲，但又意识到要尽可能地让学生多说。老师要学会听，适时地加以指导最好。

通过微课在课前导学，让学生通过导学暴露出自我学习中所存在的问题，可以使我更精确地引导学生自主探索，参与知识形成的全过程。数学知识只有通过学生主动地参与、自主地探索，才能内化为学生自己的知识。本节课我通过算一算、想一想等活动，让学生在观察、比较、讨论中掌握循环小数、有限小数及无限小数等相关概念。让他们在动脑、动眼、动口的过程中探究问题，获取更深入的新知，让学生真正成为学习的主人。

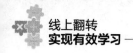

"用计算器探索规律"翻转学习
设计与策略运用反思

课题名称 除数是整数的小数除法

教学内容 用计算器探索规律

总 课 时 10课时

翻转课时 第8课时

一、学习内容分析

通过教材例题先让学生利用计算器独立探索，发现规律，再利用规律来完成计算。在探索规律时，有时要根据计算结果寻找规律，但有的计算过程比较复杂，如小数除法、小数位数比较多的乘法等。如果用计算器计算省时省力又很准确，这样可以减轻学生的计算负担，便于把主要精力用于寻找规律。因此，教材结合小数除法的学习，专门安排了用计算器探索规律的内容，让学生感受发现规律的乐趣，同时体会计算器的工具性作用。本节课的目的是让学生能用计算器探索计算规律，并能应用探索出的规律进行一些小数乘除法的计算。

二、学习目标分析

（1）会用计算器计算比较复杂的小数乘除法，并有使用计算器进行计算的意识。

（2）在利用计算器进行计算时，能通过观察、分析发现算式中的规律，并能按规律直接填得数。

（3）在引导学生发现规律、描述规律的过程中，培养学生的逻辑推理能力，让学生体会数学中的美以及探究的乐趣。

三、学习者特征分析

通过微课视频，了解计算器各功能键的使用。其实五年级的学生对计算器已经有了初步的认识，能进行简单地运算操作。因此，对于计算器更多的教学在于认识新功能和运算规律。

四、课前任务设计

（1）观看微课视频。

（2）完成导学单。

五、课上任务及策略设计

（一）创设情境，目标互知

教师：同学们都观看了关于"计算器的功能介绍"一课的微视频，有人能给大家说说计算器每个键的功能和使用方法吗？

学生介绍计算器主要功能键的名称和功能、使用方法。

师：既然计算器的功能和好处这么多，我们今天就一起来研究计算器。

（二）问题驱动，探究新知

（1）出示例10。

请大家先独立操作，思考你发现了什么规律，再在小组内说一说。

①商是循环小数；②下一题结果是上一题的2倍；③循环节都是9的倍数……

不计算，用发现的规律直接写出后几题的商。

问：你是根据什么来写商的？

（2）用计算器验证。

小结：一旦发现规律，就可以运用规律解决问题。

（3）独立完成"做一做"。

请学生先用计算器计算前4题，找出积的规律。

思考：你发现了什么规律？（小组交流）

根据规律很快写出后两题的结果，全班交流核对。

教师激励：肯定学生探索规律背后秘密的探索精神，鼓励他们继续努力；

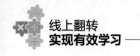

鼓励学生在生活中、学习研究中去发现、探索更多的规律。

（三）练习巩固，效果反馈

（1）先用计算器计算前面4题，仔细观察，再试着写出后面的得数。（保留6位小数）

$1 \div 7=$　　　　　　　　$2 \div 7=$　　　　　　　　$3 \div 7=$

$4 \div 7=$　　　　　　　　$5 \div 7=$　　　　　　　　$6 \div 7=$

（2）出示练习五第7题。

① 独立完成。

② 反馈计算结果：谁来说说你的计算结果？

（因为7与9中间少了一个8，估计学生会计算错误，提醒学生看清题目后再计算。）

③ 拓展：谁还能写出其他有关的算式？是否还符合这个规律？怎么写？怎么填？为什么？

（四）拓展能力，迁移提升

在这节课上，给你留下印象最深的是什么？ 你还有什么需要帮助解决的问题吗？

【拓展迁移1】

$1234.5679 \times 99=122222.2221$

$1234.5679 \times 108=133333.3332$

$1234.5679 \times 117=144444.4443$

$1234.5679 \times 126=$

$1234.5679 \times 135=$

1234.5679×144

$1234.5679 \times 153=$

【拓展迁移2】

算一算，找规律：

$46 \times 96=$　　　　　　　　$69 \times 64=$

$14 \times 82=$　　　　　　　　$28 \times 41=$

$26 \times 93=$　　　　　　　　$39 \times 62=$

六、教学设计及策略应用反思

本课时主要引导学生借助计算器探索积的一些变化规律和商不变的规律，以及运用这些规律进行简便计算和解决一些简单的实际问题。在学习这部分内容之前，学生已经学习了整数乘除法和使用计算器进行计算，有了一定的学习基础。因此，重点应放在对规律的探索上。教学完本单元内容，我有以下几点体会：

（1）教学时要留足够的时间，让学生发现规律，并且有独立思考的时间。上课时，有些思维敏捷的学生会一下子发现规律并脱口而出，于是，我就让这个学生来说说是怎么想的，给还处于懵懂的学生一些提示，小结规律后，再通过学生自己写算式来验证发现的规律，这样就加深了学生对规律的认识。当然，对那些"聪明"学生的上课习惯还是要加强培养。

（2）将课堂延伸到课外。在上课前，先让学生在家里算一算例题，找一找规律，这样可以让学生带着问题上课，提高课堂效率，也给学生留出了充足的时间发现规律。

（3）克服思维惰性，加强估算能力的培养。发现和总结出规律后，就可以进行简便计算，一些较难的两位数乘两位数可以很快得出答案，但有些学生为了避免犯错，会回避用规律来进行计算，而是采用比较烦琐的列竖式。出现这种情况可能有两种原因：一种是课堂上对规律的感知还不够，这就要适当地给这部分孩子增加练习量，使其进一步感受规律，提高规律掌握的熟练度。另一种是怕粗心犯错，对于这部分孩子则可让他们算完后进行估算，这样有利于他们养成自觉检查的好习惯；通过估算也能发展学生的思维能力和数感。

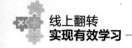

"可能性"翻转学习设计与策略运用反思

课题名称 可能性
教学内容 可能性
总 课 时 3个课时
翻转课时 第1课时

一、学习内容分析

本节课是学生在小学阶段唯一一次对概率知识的学习，是在学生已经积累了一些"可能性"方面的模糊的生活经验基础上的学习，又是以后学习较复杂的概率知识的基础。本节课中，应多为学生创造自主学习的机会，让他们主动参与、勤于动手，从而乐于探究。

基于上述教材结构和内容分析，本节课的教学重点是：初步感受不确定性事件发生的可能性有大有小。教学难点是：初步感受不确定性事件发生的可能性有大有小。

二、学习目标分析

（1）借助摸球游戏，让学生充分体验事件的发生是不确定的，可能性有大有小。

（2）经历对事件发生的可能性大小的探索过程，初步形成判断、推理的能力。

（3）在活动中培养学生的合作精神，让学生获得良好的情感体验。

三、学习者特征分析

五年级学生已具备了一定的自学能力,能对生活中的常见现象发生的可能性进行正确的分析和判断。通过微课视频,让学生初步认识体验事件的发生是不确定的,可能性有大有小。学生对于概率事件有表象认识,要使用概率的不确定性和确定性增加学习的趣味性。

四、课前任务设计

(1)观看微课导学视频。

(2)完成导学单。

五、课上任务及策略设计

(一)了解学情,明确目标

同学们通过观看视频,大部分人掌握了事件发生的不确定性与确定性。事情的发生存在一定的可能性,我们通过深入活动来理解并学会这一知识。

(二)问题驱动,探究新知

同学们,你们喜欢玩游戏吗?其实在游戏中有很大的学问,也有很多的数学奥秘。这节课就让我们通过摸球的游戏来研究——可能性。(板书课题)

核心任务 1:甲袋里 6 个红球。从甲袋里任意摸一个球,结果会怎样?(体验现实世界中的确定现象)

板书:事件发生的确定。

设计意图:因为学生已经在日常生活中有了一定的关于可能性的生活经验,所以设计了师生互动游戏环节。游戏活动符合学生的心理特点,也有利于激发学生的兴趣,为新课的开始做好铺垫。

核发任务 2:乙袋里 3 个红球、3 个黄球。从乙袋里任意摸一个球,结果会怎样?(体验现实世界中存在着不确定现象)

板书:不确定性。

设计意图:通过摸球的游戏,体验事件发生的不确定性,初步感受数据的随机性。

核心任务 3:丙袋里 4 个红球,1 个黄球。从丙袋里任意摸一个球,结果会

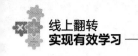
怎样？（体验现实世界中存在着不确定现象的可能性大小。）

猜测—验证—结论

师：哪个小组汇报实验情况？（小组汇报，老师填总的统计表）

板书：可能性，大——数量多，小——数量少。

（三）练习巩固，效果反馈

（1）下面的事件哪些是确定的？哪些是不确定的？

①地球绕着太阳转。

②明天会下雨。

③把一个石块放入水中，石块沉底。

④早晨太阳从东边出来。

（2）连一连。从题中6个盒子中分别摸出1个球，会有怎样的结果？

（四）拓展升华，迁移内化

迁移活动1：从8张扑克牌中任意抽出1张，可能抽到哪种扑克牌？抽到哪种扑克牌的可能性最大？

迁移活动2：给右边的转盘涂上红、绿两种颜色。要使指针停在红色区域的可能性比绿色大，可以怎样涂？

提升小结：今天这节课我们学习了什么？你有哪些收获？

六、课后辅学任务设计

师：学习后看看自己的笔记，还有什么不懂的问题可以当面问老师或留言给老师，我们一起攻克难关。

七、教学设计及策略运用反思

在进行本课教学设计时，我旨在突破难点，使学生轻松掌握重点。下面我就本课的教学进行以下几点反思。

（一）课堂中遵循学生的认知规律

"可能性大小"是研究随机事件的课，需要实验的验证、体验和感悟。例1是教学用几分之一表示事件发生的可能性，因此，我采用了"猜想—验证—感悟"的教学思路，引导学生从生活经验中建构"可能性大小"的原始经验，得出猜想，再组织学生进行验证。课堂提供足球比赛抛硬币决定哪一个队先开球是否公平的素材,学生分组进行实验,观察数据,得出正面朝上和反面朝上的次数,有的组是相等的,有的组是不相等的,但是比较接近。学生大胆想出试验的次数越多,二者就越接近。因此,学生在自己实践的过程中得出了正确的的结论,并能用分数表示可能性的大小。

（二）练习设计贴近生活,激发学生学习的兴趣

在拓展应用时,我采用了书上的三道练习题,自己又选择了一道,这些练习题都贴近学生的生活和游戏,让学生感觉很亲切。学生不仅明白可能性大小用分数来表示,还能够自己设计游戏转盘,让游戏更公平;从而引出只有在可能性相等的情况下,游戏才公平。

（三）教学活动过程有条不紊,能放能收

一些老师在上课时,都特别害怕学生操作;害怕操作不容易控制,打乱自己的教学过程,导致教学任务完不成。但是我在教学实践中,发现学生动手操作的重要性:自己获得的知识最不容易遗忘。所以开始教学这个班时,只要需要学生操作活动交流的,我一定会让他们去做。慢慢地,学生的操作活动都在我的掌握之中,所以抛硬币的课堂活动非常顺利地进行了。只要让学生明确活动要求,他们知道做什么、应该怎么做,就会按照要求去完成的。

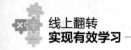
"用字母表示数"翻转学习设计与
策略运用反思

课题名称　简易方程

教学内容　用字母表示数

总 课 时　12课时

翻转课时　第1课时

一、学习内容分析

　　学生经过整数与小数等知识的学习，理解了四则运算的意义，认识了常见数量关系，掌握了加法和乘法的运算律、减法和除法的性质，以及简单平面图形的周长与面积的计算方法。这些都是本单元教学用字母表示数必不可少的基础知识。通过用字母表示数，用含有字母的式子表示数量、数量关系、运算律和各种公式，能帮助学生更加概括地理解这些知识，更加概括地表达这些知识，从而发展学生的数学思维，为以后教学方程作些准备。学生初学用字母表示数会不大习惯，以至于感到有些困难。为此，教材特别注意从最简单的内容开始，循序渐进、逐步推进。本节课的教学重点：理解用字母表示数的意义和作用。教学难点：掌握含有字母的乘法式子的简写。

二、学习目标分析

（1）理解用字母表示数的意义和作用。

（2）能正确掌握含有字母的乘法式子的简写。

（3）在探索现实生活数量关系的过程中，体验用字母表示数的简明性。

三、学习者特征分析

通过微课视频，了解用字母表示数的好处和简明性。

四、课前任务设计

（1）观看微课视频。

（2）完成导学单。

五、课上任务及策略设计

（一）创设任务，目标互知

（1）回顾：同学们都观看了关于"用字母表示数"一课的微视频，老师要检测同学们理解的情况。

出示学习单：

你今年几岁了？再过两年呢？再过三年、四年……N 年呢？

学生回答自己的年龄，根据教师的问题回答：过几年就用年龄加几，N 年就加 N。

（2）质疑：这里的 N 表示的是什么？（一个数）

（3）揭题：今天咱们就来研究用字母表示数。（板书课题：用字母表示数）

（二）问题驱动，探究新知

1. 教学用含字母的式子表示数量关系

（1）出示教材第 52 页例 1。

引导：图中小红和爸爸也在探讨年龄的问题，从中你了解了哪些信息？

学生可能回答：小红 1 岁时爸爸 31 岁；爸爸比小红大 30 岁。

（2）让学生尝试用算式表示爸爸的年龄。

出示教材第 52 页的表格，引导学生列式表示爸爸的年龄，并集体完成表格。

（3）质疑：这些式子，每个只能表示某一年爸爸的年龄。你能用一个式子简明地表示出任意一年爸爸的年龄吗？

通过表格，学生能很快列出式子：小红的年龄 +30= 爸爸的年龄。

追问："小红的年龄"写起来有些麻烦，谁能想个办法让我们的书写更简便？

小组交流讨论，有些学生可能会想到用"小红"的"红"代替小红的年龄，

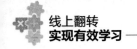

也有些学生可能会想到用一个字母或一个符号来代替。

（4）重点引导学生用字母来代替。

引导学生：说一说你是怎么写的？为什么这样写？学生可能用N+30表示，N表示小红的年龄，N+30就表示爸爸的年龄；也有可能用A+30，用A代表小红的年龄，因为爸爸比小红大30岁，所以用A+30就是爸爸的年龄。（根据学生的回答板书代数式）

思考：大家都用一个含有字母的式子代替上面所有的算式，既简洁又方便。

这些式子中的字母N、A……都表示什么？（都表示小红的年龄。）

（板书：小红的年龄）追问：是不是只能用这些字母表示？还能用其他字母表示吗？（引导学生理解：可以用任意字母来表示小红的年龄。）

质疑：这些字母可以表示哪些数呢？能表示200吗？先让学生讨论，然后汇报：这里的字母能表示从1开始的自然数，但是不能表示太大的数，不能表示200，因为人不可能活到200岁。

引导学生小结：用字母表示数时，在特定的情况下，字母表示的数是有一定取值范围的，比如表示年龄时。

（5）质疑：这些含有字母的式子都表示什么呢？（表示爸爸的年龄，也表示小红比爸爸小30岁。）

归纳：含有字母的式子，不但可以表示数，还可以表示两个数量之间的关系。（多媒体出示）

（6）提问：如果用A表示小红的年龄，当A=11时，爸爸的年龄是多少？学生自主计算，汇报：A+30=11+30=41（岁）

当A=12时呢？学生汇报：A+30=12+30=42（岁）

2. 教学教材第53页例2

（1）引导：同学们想不想知道月球上到底有什么秘密呢？让我们一起来瞧瞧。

（出示教材第53页例2）：观察图片，说一说你知道哪些数学信息。

学生汇报：在月球上，人能举起的物体的质量是地球上的6倍；在地球上我只能举起15千克的物体。你们知道为什么人在月球上能举起的物体的质量是地球上的6倍吗？拓展：是月亮的质量小的原因，月球引力是地球的六分之一。

（2）探索：在地球上能举起1千克的物体，那么，在月球上能举起多少千克的物体？在地球上能举起2千克的物体、3千克的物体，在月球上能举起多少千克的物体呢?

出示:教材第53页的表格。通过刚才的列式,你能用含有字母的式子表示出人在月球上能举起的质量吗?学生自主思考,集体交流。

引导学生把人在地球上能举起的质量用字母表示(以用 X 表示为例):人在月球上能举起的质量是 $X \times 6$ 千克。

(3)简写乘号。

直接教学:$X \times 6$,我们可以写成 $6X$,中间的乘号省略不用写。在省略乘号时,一般要把数字写在字母的前面。

想一想:式子中的字母可以表示哪些数?

引导学生小结:人能举起的质量是有限的,因此字母表示的数也是有一定范围的,不能过大。

(4)(出示教材第53页情境图)图中小朋友在月球上能举起的质量是多少?

学生自主解答,集体交流:$6X=6 \times 15=90$(千克)

(三)练习巩固,效果反馈

(1)完成教材第53页"做一做"。

先让学生说一说长方形纸条的面积公式:长 × 宽。引导:此题的宽是3厘米,怎样用含有字母的式子表示长方形纸条的面积?

放手让学生自主完成,列式汇报:$3X$(厘米)。

教师提示乘号简写的注意事项。

(2)完成教材"练习十二"第1题。

先让学生回忆厘米、千克用什么字母表示(厘米:cm;千克:kg),再自主完成。

(四)拓展升华,迁移内化

这节课你学会了什么知识?有哪些收获?

引导总结:

(1)含有字母的式子,不但可以用字母表示数,还可以表示一个结果以及两个数量之间的关系。在特殊情况下,字母的取值是有一定范围的。

(2)在省略乘号时,一般要把数字写在字母前面。

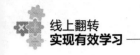

六、回顾总结，畅谈收获

师：今天这节课我们学习了什么？你有哪些收获？

七、教学设计及策略运用反思

在进行本课教学设计时，我旨在突破难点，使学生轻松掌握重点，下面我就本课的教学进行以下几点的反思。

（一）创设丰富的生活情境，使学生体会字母表示数的现实需要

学生理解字母表示数需要一个长期的过程，需要经历大量的活动，积累丰富的经验。教学中，我不断给学生提供生活中常见的情境和具体事例，让他们在熟悉的环境中反复体会字母表示数的现实性。例如，利用学生熟悉的扑克牌参与运算，学生能自主地用具体的数代替字母进行计算，促进学生感悟用字母可以表示特定的数，感受到数学与生活的密切联系。教学中素材的取舍也以生活的亲近度和学生的熟悉度为标准，让学生在生活中学习，在熟悉的环境中体会字母的现实性。

（二）分析生活性、趣味性强的数量关系，培养学生应用字母表示数的意识

使学生有意识地应用字母解决实际生活中的问题是本节知识的难点。所以，我在教学中在数量关系方面大费笔墨，给了学生体验数学与现实的充分空间。例如，三角形到正方形到五边形再到多边形的逐层渗透，小动物年龄比大小以及挑战室的环节设计等，均为学生创造了广阔的探索天地。

（三）增强新旧知识的联系，加深学生对字母表示数的意义的有效理解

学生对字母表示数的理解不是一蹴而就的，需要反复的体验。为了发挥学生已有知识的有效作用，实现语言概括到字母表示的对比、过渡和加深，我分层次地安排了图形有关公式和熟悉的运算定律，激发学生进一步体验符号语言的优越性，使新旧知识在深层次上达到了统一。

含有字母的乘法算式的简写方法属于"陈述性知识"，而四年级的学生已经有了一定的阅读能力和自学能力。为了提高课堂教学的效率，这里安排了学生自学简写规则，然后在运用中加强其理解与认识，让学生在自主学习和反思中，深化对字母表示数的方法的理解。

"方程的意义（一）"翻转学习
设计与策略运用反思

课题名称　简易方程

教学内容　方程的意义

总 课 时　12课时

翻转课时　第4课时

一、学习内容分析

　　"方程的意义"是学生在已经掌握了用字母表示数，可以用一些简单的式子表示数量间的关系的基础上进行教学的。它将为利用等式的性质解方程及列方程解应用题的学习打下基础。教材在编排上注重让学生根据具体的情境根据各个天平的状态，写出等式或不等式；在相等与不等的比较中，使学生进一步体会等式的含义，同时初步感知方程，积累具体的素材。本节课的教学重点：掌握"方程""等式"的意义。教学难点：理解"等式"与"方程"之间的关系。

二、学习目标分析

　　（1）认知目标：结合天平示意图，在观察、用式子表示数量关系、归纳、类比等活动中，经历认识等式和方程的过程。

　　（2）能力目标：了解等式和方程的意义，能判断哪些是等式、哪些是方程，能根据具体情境列出方程。

　　（3）情感目标：主动参与学习活动，获得积极的学习体验，激发学习新知识的兴趣。

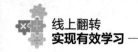

三、学习者特征分析

通过微课视频，了解天平的原理和基本构造。

四、课前任务设计

（1）观看微课视频。

（2）完成导学单。

五、课上任务及策略设计

（一）创设任务，目标互知

教师：同学们都观看了关于"天平的原理"一课的微视频，你们对天平有哪些了解呢？天平由天平秤与砝码组成，当放在两端托盘中的物体的质量相等时，天平就会平衡，根据这个原理，可以称出物体的质量。

（二）问题驱动，探究新知

1. 课件演示，引出方程

操作天平：第一步，称出一只空杯子重 100 克。板书：1 只空杯子 =100 克。

第二步，往空杯子里倒入 150 毫升水（可在水中滴几滴红墨水），问：你发现了什么？天平出现了倾斜，因为杯子和水的质量加起来比 100 克重，现在要增加砝码的质量。

第三步，增加 100 克砝码，问：你发现了什么？杯子和水比 200 克重。现在水有多重，你知道吗？如果将水设为 X 克，那么用一个式子该怎么表示杯子和水比 200 克重这个关系呢？ $100+X>200$。

第四步，再增加 100 克砝码，天平往砝码这边倾斜。问：哪边重些？怎样用式子表示？让学生得出：$100+X<300$。

第五步，把一个 100 克的砝码换成 50 克，天平平衡。现在两边的质量怎样？用式子怎样表示？让学生得出：$100+X=250$。

像这样含有未知数的等式，人们给它起了个名字，你们知道是什么吗？对，叫方程。请大家试着写出一个方程。

2. 写方程，加深对方程的认识

学生试着写出各种各样的方程，再在全班展示，当然也有可能出现一些不

是方程的式子，教师应引导学生说出它不是方程的原因。

看书上列出的一些方程，让学生读一读。然后小结：一个式子要是方程需要具备哪些条件？两个条件：一要是等式，二要含有未知数（即字母），这也是判断一个式子是不是方程的依据。

（三）练习巩固，效果反馈

（1）出示情景一：120 元不够买一台儿童早教机。

（没有等量关系，不能用方程表示。）

出示情景二：120 元正好买 2 个玩具企鹅。

（有等量关系，能用方程表示）

（2）判断下面各个式子是不是方程。

（1）$4+3X=10$（　　） 　　（2）$6+2X$（　　）

（3）$17-8=9$（　　） 　　（4）$7-X>3$（　　）

（5）$8A=0$（　　） 　　（6）$18÷Y=2$（　　）

（7）$3X+2X=15$（　　） 　　（8）$4×80=2X-60$（　　）

（3）五一假期，张乐一家三口从郑州坐火车到北京旅游。

① 火车每小时行 X 千米，经过 6 小时到达北京站。郑州站到北京站的铁路长 689 千米。

② 在北京一共住了 5 天，每天住宿费 X 元，付出 900 元，找回 50 元。

让学生根据题意列方程。

（4）一辆公共汽车到站时，有 5 人下车，8 人上车，车上还剩 15 人，车上原有多少人？根据题意列方程。

（5）开放题。小芳集邮共 260 张，小明集邮共 300 张。怎样才能使两人的集邮张数一样多？（用方程表示）

（四）拓展迁移，升华内化

这节课你学会了什么知识？有哪些收获？

说起方程，老师这儿还有一个故事呢：我们都知道《九章算术》是我国著名的数学著作。《九章算术》共收了 246 个数学问题，绝大多数内容是与当时的社会生活密切相关的。其中方程术是《九章算术》最高的数学成就。《九章算术》在世界上最早提出了方程的概念，并系统地总结了方程的解法，比我们现在所熟知的希腊丢番图方程要早三百多年。

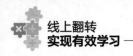

《九章算术》反映出我国古代数学在秦汉时期就已经有了在全世界领先的发展地位。作为一部世界科学名著，它在隋唐时期就已传入朝鲜、日本。现在，它已被译成日、俄、德、法等多种文字在世界上广泛流传。

听了这段话，你有什么感想？

六、课后辅学任务设计

师：学习后看看自己的笔记，还有什么不懂的问题可以当面问老师或留言给老师，我们一起攻克难关。

七、教学设计及策略运用反思

"方程的意义"对于学生来说是一堂全新的数学概念课，使学生对数的认识有了飞跃。概念课最难的地方在于体验、理解、总结。因此我在设计中采用了先学后悟的策略，让学生在课前通过线上微课自学方程的基本知识点，然后让学生操作体验理解等式的意义，明确等号两边式子表示相等的量或数是理解方程的意义的基础。我在教学中并没有把等式、方程的概念强加给学生，而是结合具体情境，利用 flash 动画用天平演示各数量之间的相等关系，让学生真正参与到活动中去。我通过反复操作，并利用式子表示每一次操作时天平的状态，让学生经历观察、猜测、比较，逐步理解式子中的"="就是天平两边平衡，从而引导出等式及方程的定义。

"用方程解决问题"翻转学习
设计与策略运用反思

课题名称 简易方程

教学内容 用方程解决问题

总 课 时 12课时

翻转课时 第11课时

一、学习内容分析

对于五年级的学生来说，随着年龄的增长与思维水平的发展，他们的学习途径是多种多样的，除去课堂学习这一重要途径外，几乎每个学生都有通过其他途径接受信息、积累知识的能力。同时，他们已经在前面的学习中认识了方程，接触了简单的用方程解决问题的步骤。而本单元正是运用这些已有的知识基础和生活经验进行用方程解决复杂问题的探究。教学重点、难点：通过画方框图，帮助学生正确理解题意，引导学生找出等量关系。

二、学习目标分析

（1）知识与技能：①结合情境图，通过解决姐弟两人邮票张数的问题，进一步理解方程的意义。②借助方框图分析数量关系，找出等量关系。③培养学生收集处理信息的能力、作图能力、解决生活中实际问题的能力。

（2）过程和方法：在解决问题的过程中，体会列方程解决问题的优点。

（3）情感态度价值观：在解决问题的过程中，体会数学的价值，增强学习数学的兴趣。

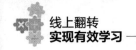

三、学习者特征分析

找到等量关系是列方程解决问题的关键，这是学生打开数量之间等量关系的方向，也是翻转设计存在的必要。教学思路应该是先让学生理解好题意，接着在量与量之间找到相等关系，最后应该是调整相等关系中的未知变量位置建立合理的方程式。学生对关系的把握，特别是在量与量之间找到相等关系是最为困难的，这是由学生思维认知水平和特点所决定的。我们尽量用显性的、形象的、容易明白的关系来表征，以达到由表入里、由浅入深的学习思维深度发展，提高课堂学习的效果与质量。

四、课前任务设计

（1）观看微课视频。

（2）完成导学单。

五、课上任务及策略设计

（一）创设情境，目标互知

（1）回顾：解下列方程：

$X+5.7=10$ $X-3.4=7.6$ $1.4X=0.56$ $X \div 4=2.7$

（2）对于导学单的内容，你有什么收获或者困惑？

师生共同交流，扫清学前障碍。

同学们，你们都有哪些爱好，能和老师交流一下吗？（生自由说）今天老师给同学们带来了一对姐弟，他们的爱好是集邮。瞧，姐弟俩正在与爸爸妈妈分享集邮成果呢！想知道他们在交流些什么吗？（教师出示主题情境图。）

主题情境图

师：从图中，你收集到哪些数学信息？

（学生回答，教师板书）

① 姐姐邮票的张数是弟弟的 3 倍。

② 弟弟和姐姐一共有 180 张邮票。

③ 姐姐比弟弟多 90 张邮票。

师：根据这些信息，你想到了什么数学问题？

生：姐姐和弟弟各有多少张邮票。

师：估一估，姐姐和弟弟各自可能有多少张邮票？

生1：我估计姐姐可能有一百多张。因为姐姐比弟弟多 90 张。

生2：我估计弟弟可能只有三四十张。

（二）问题驱动，探究新知

师：大家能有根据地、大胆地"估"，不错。怎样才能求出姐姐和弟弟各有多少张邮票呢？请各小组一起商量，我相信大家一定能想出好办法。

（出示温馨提示：① 主题情境图为我们提供了 3 个数学信息，你准备借助哪两个信息来解决这个问题？② 你想用什么方法来求姐姐和弟弟各有多少张邮票？）

（学生合作，有的在商讨，有的在记录，有的在画图，还边画边小声地谈论着；老师也在巡视各小组的情况，有时还停下来与学生一起讨论。不多久，大多数小组都找到了解决办法。）

师：现在，谁来把你们组的想法与大家分享一下？

生1：我们组是根据"姐姐邮票的张数是弟弟的 3 倍，弟弟和姐姐一共有 180 张"这两个条件来分析的。把弟弟的邮票数看做 1 份，姐姐的邮票数就相当于这样的 3 份，他们一共 4 份，是 180 张，所以 1 份就是 $180 \div 4 = 45$（张），也就是弟弟有 45 张邮票，姐姐有 $45 \times 3 = 135$（张）。

生2：我们组是根据"姐姐邮票的张数是弟弟的 3 倍，姐姐比弟弟多 90 张邮票"这两个条件来分析的。把弟弟的邮票数看做 1 份，姐姐的邮票数就是这样的 3 份，姐姐就比弟弟多 $3-1=2$（份），多 90 张，所以 1 份就是 $90 \div 2 = 45$（张），也就是弟弟有 45 张邮票，姐姐有 $45+90 = 135$（张）。

生3：我们组是借助信息 1 和信息 2 用方程解答的。因为"姐姐邮票的张数是弟弟的 3 倍"，所以以弟弟的为标准，我们就设弟弟的邮票为 X 张，姐姐

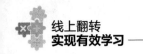
就有 $3X$ 张，根据"弟弟和姐姐一共有 180 张"列方程得 $X+3X=180$。

生 4：我们组也是用方程解答的。不过我们列的方程是 $3X-X=90$。

师：有谁知道生 4 的这个方程是怎样得来的？

生 5：他们肯定是根据信息 1 和信息 3 得来的。

生 6：我们组也是用方程解答的。我们设弟弟的邮票为 X 张，姐姐就有（$X+90$）张，列出方程 $X+90+X=180$。

师：还有不同的吗？

生 7：我们组是用线段图来分析的。根据题中信息 1 和信息 2，我们画出了线段图：从图中我们一眼就可以看出：$X+3X=180$。

……

师：同学们真不错，想出了这么多好办法。现在，请大家认真想想：这些方法之间有什么联系吗？你从中发现了什么？

生 1：都离不开"姐姐邮票的张数是弟弟的 3 倍"这个信息。

生 2：选用不同的信息，解决的方法就不一样，但结果是相同的。

生 3：我发现通过线段图很容易就能列出方程，而直接根据信息来分析，得想半天。

生 4：方程其实可以转换成算术方法。

（三）练习巩固，效果反馈

（1）解下列方程。$3X+6=18$ $4X-39=29$ 学生自选。

请一名学生板演 $4X-39=29$。

师：他做得对吗？有没有提建议的？生：等号没对齐。

师：观察得真认真。我们一起来验算。师生共同验算。

师：有没有两道题都做完的？一起对答案。

师：都做对的举手。同学们可真棒啊！你们计算的正确率越来越高了。

（2）故宫的面积是 72 万平方米，比天安门广场面积的 2 倍少 16 万平方米。天安门广场的面积是多少万平方米？

学生自己列等量关系式。

生 1：天安门广场的面积 ×2+16= 故宫的面积

生 2：老师，应该是天安门广场的面积 ×2-16= 故宫的面积。

教师画线段图帮助学生理解题意。

生3：天安门广场的面积为 44 万平方米。

（3）猎豹是世界上跑得最快的动物，速度能达到每小时 110 千米，比大象的 2 倍还多 30 千米。大象最快能达到每小时多少千米？

师：这道题与刚才的那道题一样吗？

生：不一样。刚才是不够 2 倍，现在是比 2 倍多。

师：好，那直接列方程吧。

生：$2X+30=110$。

师：等于多少？

生：$X=40$。

生：还有列出其他方程的吗？

（4）课堂总结，畅谈收获。

师：这节课我们学习了列方程解决问题，你们有什么收获？

生说说这节课的收获，存在的问题。

生1：我知道了故宫的面积是 72 万平方米，天安门广场的面积是 44 万平方米。

生2：我知道了猎豹每小时能跑 110 千米。

师：那么每分钟大约能跑多少千米呢？保留整数。

生：猎豹每分钟大约跑 2 千米。

生3：我知道了列方程解决问题得先列出数量关系式。

师：对。然后我们根据列出的数量关系式再列出方程。

生4：我知道了解方程需要设、列、解、验、答几个步骤。

师：是的。我们列方程解决问题一定要按照这几个步骤进行。

（四）拓展提升，迁移方法

小明和妈妈一起集邮，妈妈的邮票数是小明的 6 倍，妈妈比小明多 100 张邮票，妈妈和小明各有多少张邮票？学生独立解答后汇报解题步骤。①画线段图理解题意。②找出题中的等量关系式。妈妈的邮票数 – 小明的邮票数 =100；小明的邮票数 +100= 妈妈的邮票数；妈妈的邮票数 –100= 小明的邮票数。③列式解答。

六、课后辅学任务设计

师：学习后看看自己的笔记，还有什么不懂的问题可以当面问老师或留言

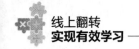
给老师，我们一起攻克难关。

七、教学设计及策略运用反思

本节课教学列方程解决实际问题，是在学生已经认识等式与方程，并学会应用等式性质解一步计算方程的基础上进行教学的。教学列方程解决实际问题，需要引导学生在解决问题的过程中，进一步掌握相关方程的解法，积累分析数量关系以及把实际问题抽象为方程的经验，进而适时地把获得的知识和方法应用于解决其他类似的一些问题。列方程解决问题的关键在于用方程表达数量关系。因此，翻转教学时，先让孩子学会用式子表示数量关系，形成有效的学习模型。这样的翻转教学才会更有效和清晰。

"平行四边形的面积"翻转学习
设计与策略运用反思

课题名称 多边形的面积

教学内容 平行四边形的面积

总 课 时 5课时

翻转课时 第1课时

一、学习内容分析

平行四边形的面积计算是在学生掌握了平行四边形、三角形、梯形这些图形的特征以及长方形、正方形面积计算的基础上学习的。本课的教学重点是：理解公式并正确计算平行四边形的面积。难点是：理解平行四边形面积公式的推导过程。

平行四边形面积公式推导过程中隐含着一种重要的数学思想方法——转化。教学中我主要通过回忆平行四边形面积推导过程，把平行四边形利用割补法转化成长方形，然后推导出面积计算公式，体现一种"化未知为已知"的转化思想。

二、学习目标分析

（1）使学生在理解的基础上掌握平行四边形面积的计算公式，并会运用公式正确地计算平行四边形的面积。

（2）通过操作、观察、比较，发展学生的空间观念，培养学生运用转化的思考方法解决问题的能力和逻辑思维能力。

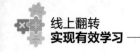

（3）感受求平行四边形的面积在日常生活中的应用。

三、学习者特征分析

通过微课视频，大部分学生对于面积公式的推导过程已基本清楚，但是对于"观察原来的平行四边形和转化后的长方形，你发现它们之间有哪些等量关系"这个难点部分，学生还比较模糊，可能需要课上学生动手实践加深理解。

四、课前任务设计

（1）观看微课，完成基本测试。

教师提供的资源：平行四边形推导过程微课。

（2）完成导学单。

五、课上任务及策略设计

（一）创设情境，目标互知

教师：同学们都观看了关于"平行四边形面积"一课的微视频，你有什么收获吗？谁愿意与大家分享？

（1）回忆了研究面积可以用转化的思想，把没有学过的图形转化成已经学过的图形来研究。

（2）平行四边形转化成长方形的转化过程。

（在这个过程中，平行四边形的面积变了吗？只是形状发生了改变）

（二）问题驱动，探究新知

1. 核心任务 A：数方格法

师：请同学看方格图并填表，填完后请学生回答发现了什么。

小结：如果长方形的长和宽分别等于平行四边形的底和高，则它们的面积相等。

2. 核心任务 B：割补法

（1）引思：这是一个平行四边形，请同学们把自己准备的平行四边形沿着你所作的高剪下来，自己拼一下，看可以拼成我们以前学过的什么图形。

（2）操作：学生小组演示拼接全过程，然后全班分享演示。

（3）定模：教师示范平行四边形转化成长方形的过程。

师：刚才我发现同学们把平行四边形转化成长方形时，把从平行四边形左边剪下的直角三角形直接放在剩下的梯形的右边，拼成长方形。在变换图形的位置时，按照怎样的一定规律去做呢？现在看老师在黑板上演示。

① 先沿着平行四边形的高剪下左边的直角三角形。

② 左手按住剩下的梯形的右部，右手拿着剪下的直角三角形沿着底边慢慢向右移动。

③ 移动一段后，左手改按梯形的左部。右手再拿着剪下的直角三角形继续沿着底边慢慢向右移动，直到两个斜边重合。

师：请同学们把自己剪下来的直角三角形移回原处，再沿着平行四边形的底边向右慢慢移动，直到两个斜边重合。（教师巡视指导）

（4）对比：黑板上在剪拼成的长方形左面放一个原来的平行四边形，便于比较。

① 这个由平行四边形转化成的长方形的面积与原来的平行四边形的面积比较，有没有变化？为什么？

② 这个长方形的长与平行四边形的底有什么样的关系？

③ 这个长方形的宽与平行四边形的高有什么样的关系？

教师归纳整理：任意一个平行四边形都可以转化成一个长方形，它的面积和原来的平行四边形的面积相等，它的长、宽分别和原来的平行四边形的底、高相等。

（5）迁移：引导学生总结平行四边形面积计算公式。

这个长方形的面积怎么求？（指名回答后，在长方形右面板书：长方形的面积 = 长 × 宽）

那么，平行四边形的面积怎么求？（指名回答后，在平行四边形右面板书：平行四边形的面积 = 底 × 高。）

（6）结论：教学用字母表示平行四边形的面积公式。

板书：$S = a \times h$

说明在含有字母的式子里，字母和字母中间的乘号可以记作"·"，写成 $a \cdot h$，也可以省略不写，所以平行四边形面积的计算公式可以写成 $S = a \cdot h$，或者 $S = ah$。

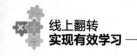
（7）验证：

学生利用所学的公式计算出"方格图中平行四边形的面积"和用数方格的方法求出的面积相比较而"相等"，并加以验证。

条件强化：求平行四边形的面积必须知道哪两个条件？（底和高）

（三）练习巩固，效果反馈

（1）学生自学例1后，教师根据学生提出的问题讲解。

（2）判断，并说明理由。

① 两个平行四边形的高相等，它们的面积就相等。（　　）

② 平行四边形底越长，它的面积就越大。（　　）

③ 把一个长方形的木框拉成平行四边形，周长不变，面积也不变。（　　）

（3）做书上练习十九的第1题。

（4）（课件出示）第2题，指名板演，重点为第3小题，强调必须找出底上相对应的高，以免混淆。

（5）书上90页的第6题、第7题，引导学生理解同底等高的平行四边形面积相等。

（四）拓展能力，迁移提升

师：这些题目对于已经掌握了平行四边形面积计算方法的同学们来说较简单，假如你是老师，你会根据本节课的学习内容给大家带来哪些变式练习呢？

师：老师这儿给大家准备了不少拓展练习，你们能接受我带来的任务吗？（组长领回任务，完成题目，并想办法讲给同学们听。）

（1）读题。

（2）组长负责提问。

要求什么？先求什么？怎么求？

（3）梳理思路，列出算式并计算结果。

师：同学们细细回想下，今天有哪些收获？

六、课后辅学任务设计

师：学习后看看自己的笔记，还有什么不懂的问题可以当面问老师或留言给老师，我们一起攻克难关。

七、教学设计及策略运用反思

视频教学中主要通过教师的演示操作让学生通过观察，发现拼成的长方形的长和宽与平行四边形的什么有关，从而推导出平行四边形面积。课上通过回忆、迁移、动手操作的自主探索，最后课件清晰演示加以辅助，理解平行四边形面积公式的推导过程，从而突破本课的重难点。

转化是本课学习的桥梁，由形变而面积不变，通过算长方形面积达到弄懂平行四边形的计算方法，实现方法连通。

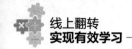

"三角形的面积"翻转学习
设计与策略运用反思

课题名称　多边形的面积

教学内容　三角形的面积

总 课 时　5课时

翻转课时　第2课时

一、学习内容分析

　　三角形的面积是本单元教学内容的第二课时，是在学生掌握了三角形的特征以及长方形、正方形、平行四边形面积计算的基础上学习的，是进一步学习梯形面积和组合图形面积的基础。首先，由怎样计算红领巾的面积这样一个实际问题引入三角形面积计算的问题；接着，根据平行四边形面积公式推导的方法提出解决问题的思路，把三角形也转化成学过的图形，通过学生动手操作和探索，推导出三角形面积计算公式；最后，用字母表示出面积计算公式，这样一方面使学生初步体会到几何图形的位置变换和转化是有规律的，另一方面有助于发展学生的空间观念。

二、学习目标分析

　　（1）经历动手操作，把三角形转化成已经会求面积的图形的过程，推导出三角形的面积计算方法。

　　（2）会计算三角形的面积，初步感受数学和实际生活的密切联系，体会学数学、用数学的乐趣。

178

（3）渗透数学转化思想，积累化未知为已知的活动经验，发展图形的观察能力和空间的想象能力。

三、学习者特征分析

通过微课视频，大部分学生对于三角形面积公式的推导过程基本清楚，但是只局限于三角形面积公式的推导的其中一种，如果要打开学生的思维，多角度地呈现三角形面积公式的推导，可能在课堂上仍需要进一步拓展。

四、课前任务设计

（1）观看微课，完成基本测试。

教师提供的资源：三角形面积公式推导过程微课。

（2）学生完成导学单。

五、课上任务及策略设计

（一）回顾反馈，目标互知

1. 前测反思、揭示主题

问题1：前面，我们已经学习了平行四边形面积的计算，谁来说说平行四边形面积的计算公式，字母表达式？

问题2：昨天我们做了这样一道有关平行四边形面积的题目，是怎样说的？

1. 每个小方格的边长是 1cm，这个平行四边形的面积是多少？涂色的三角形的面积是多少？（人教版教材第88页第10题）

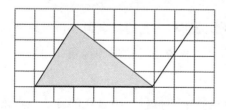

问题3：你怎么知道这两个三角形是一样的呢？一样是指什么一样？

任务1：我们验证一下。（教师将两个三角形重叠在一起）我们发现两个三

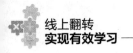
角形完全重叠，所以这两个三角形是完全一样的。

师：今天，我们就一起研究三角形的面积。

2. 学习反馈、交流方法

问题4：上节课我们就尝试求这样一个直角三角形的面积，能计算出面积的请举手。请同学们说一说你的方法。

2. 每个小方格的边长是 1 cm，你能想办法求出这个三角形的面积吗？你有几种方法？（还有其他方法可以写在背面，也可以将三角形剪下来操作）。

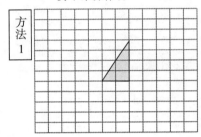
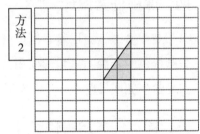

问题5：善于总结才会有更多收获，我们这里的这些方法，你能分分类吗？

像这样，完全一样的两个三角形构建新的图形，我们把这种方法叫做"倍拼法"。

设计意图：先反馈学习单的内容，通过第一题让学生初步感知"倍拼法"；第二题的方法反馈分析，在倡导方法多样性的同时，加深对"倍拼法"的理解，感受到这种方法的简单易操作。

（二）问题驱动，探究新知

1. 小组合作，初尝方法

问题6：为了计算这个三角形的面积，我们将直角三角形想办法转化成学过的图形。我们知道三角形按角分还有锐角三角形和钝角三角形。它们是否也可以转化成我们学过的图形？

任务2：合作探究。选用资料袋中的材料，用喜欢的方法，将锐角三角形或钝角三角形转化成学过的图形。

设计意图：辨析方法，找出最优方法，让学生在交流中发现数格子的方法太麻烦；割补法有可能，但又不太容易操作；唯有倍拼法直观、形象、容易理解。图形操作活动的经验是逐步被启发的、逐步被优化的，教师允许多种方法，但是适当地介入强化倍拼法，以突出重点。

2. 组内交流，探究公式

问题 7：用倍拼法的学生较多，看来这种方法还是比较容易理解的，那我们就先以这种方法为主，一起来研究三角形的面积计算公式。

任务 3：组内交流。

（1）观察三角形与转化后的图形各部分之间有什么关系。

（2）你能写出这个三角形的面积公式吗？

师：谁愿意把自己小组的成果和大家一起来分享？

小结公式：三角形的面积 = 底 × 高 ÷2

师：大家实际操作后得出了三角形的面积公式。这个"底 × 高"是指谁的面积？为什么要除以 2？

设计意图：提供给学生的学具是有方格背景的，它刻画出三角形的量性特征，同时借鉴苏教版教材中的表格，使学生在研究中有具体的数据可把握，降低研究的抽象性。学生在自主活动中，对图形的观察和处理的角度不同，形成的方案不同，尊重学生个性化的同时，突出倍拼法。

（三）练习巩固，效果反馈

（1）初步应用三角形的面积计算公式解决生活中的数学问题。

（2）提供不同形状的三角形的面积计算和应用，强化学生对三角形面积计算公式的应用。

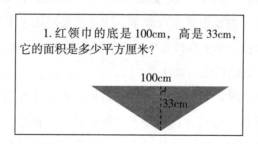

1. 红领巾的底是 100cm，高是 33cm，它的面积是多少平方厘米？

100cm
33cm

（3）通过此题，让学生探究出：等底等高的三角形的面积相等。发展学生的推理能力，培养学生探究问题和解决问题的兴趣和能力。

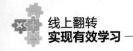

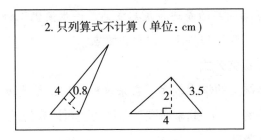

2. 只列算式不计算（单位：cm）

（四）拓展总结，迁移提升

引问：今天我们推导出了三角形的面积公式，你们想知道古人是用的什么方法吗？请大家看视频。

小结：刘徽用一个普通的三角形，也得到了和同学们一样的结论，当然，用一个三角形剪拼，方法还不止这一种，感兴趣的同学课后可以继续研究。

概问：这节课你知道了三角形的哪些新的知识？有什么收获？

设计意图：渗透了数学文化，使教与学，教书与育人融为一体，既开拓了学生的视野，又渗透了爱国主义教育，体现了社会主义核心价值观。

六、课后辅学任务设计

师：学习后看看自己的笔记，还有什么不懂的问题可以当面问老师或留言给老师，我们一起攻克难关。

七、教学设计及策略运用反思

"三角形的面积"这节课，我按提出问题、寻找思路、实验探究的步骤，以小组合作交流学习为主要形式进行教学。学生已经经历了平行四边形面积公式的推导过程。所以我以学生在推导中获得的经验为基础，放手让学生自主探究。下面就本节课谈谈我的想法与做法。

本节课为了落实学习目标，让学生在剪拼过程中发现两个完全一样的三角形可以拼成一个平行四边形，我预设了三种情况：一种是一个平行四边形可以剪成两个完全一样的三角形；一种是一个长方形可以剪成两个完全一样的三角形；还有一种是正方形可以剪成两个完全一样的三角形。结合这三种情况，我分别用课件展示，让学生领会三角形与等底等高的平行四边形（长方形、正方形）的面积的关系。对于学生推导三角形面积公式的过程，在备课时我估计学生对三角形的底、高与平行四边形的底、高之间的关系理解不透，因此，教学时，我把这个内容作为教学的难点，我力争运用准确、简练的语言去引导学生发现、表达、同桌互相说，以加深学生对于三角形面积公式的推导过程的理解。在练习的设计上主要明确三角形的底与高必须相对应，三角形的面积与底和高有关。

本节课我不但注重数学知识的学习，还关注数学思想方法的渗透。转化是数学学习和研究的一种重要思想。在平行四边形面积的推导中，我渗透了转化思想。在本节课从引入到探究直到运用环节，始终贯穿对数学思想的渗透。在总结时我还向学生介绍了推导三角形面积公式的其他方法：割补或折叠。这样不但尊重学生的想法，而且鼓励学生从不同的途径和角度去思考和探索如何解决问题，培养了学生用多种策略解决问题的意识和能力。

在本节课中，我认为还存在几点不足：①老师的语言不够严谨，应加强理论方面的学习和自身素质的提高。②评价语言不及时、不到位，不能调动学生的积极性。

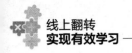

"梯形的面积"翻转学习设计与
策略运用反思

课题名称 多边形的面积

教学内容 梯形的面积

总 课 时 共5课时

翻转课时 第3课时

一、学习内容分析

梯形面积的计算安排在平行四边形和三角形面积计算之后，因为它与前面两部分关系比较密切，所以教材把它们编排在一起，是其延伸与扩展。教材没有给出推导的过程和计算公式，以便于让学生从多种途径探讨，自己得出结论，给教师和学生很大的创造空间。与前两节一样，首先，通过小轿车车窗玻璃是梯形的这样一个生活实例引入梯形面积计算。然后，通过学生动手实验探索出面积计算公式。最后，用字母表示出梯形的面积计算公式。但是要求又有提高，不再给出具体的方法，而是要求用学过的方法去推导梯形面积计算公式。这里仍然要运用将其转化成已学过图形的方法，但是从教材中学生的操作可以看出，方法与途径较多：可以用分割的方法，也可以用拼摆的方法；可以转化为三角形进行推导，也可以转化成平行四边形进行推导。在教学的过程中，教师要注意发挥学生学习的主动性，以引导为主。本节课的教学重点：理解并运用梯形的面积计算公式。教学难点：梯形面积公式的推导过程。

二、学习目标分析

（1）理解、掌握梯形面积的计算公式，并能运用公式正确计算梯形的面积。

（2）发展学生空间观念。培养学生抽象、概括和解决实际问题的能力。

（3）掌握转化的思想和方法，进一步明白事物之间是相互联系，可以转化的。

三、学习者特征分析

通过微课视频，学生对于梯形面积公式的推导过程基本清楚，但是只局限于梯形面积公式的推导的其中一种，若要能打开学生的思维，多角度地呈现梯形面积公式的推导，可能在课堂上仍需要进一步拓展。

四、课前任务设计

（1）观看微课视频。

（2）完成导学单。

五、课上任务及策略设计

（一）创设任务，目标互知

教师：同学们都观看了关于"梯形的面积"一课的微视频，你们有什么收获吗？谁愿意与大家分享？

（1）知道梯形面积的计算方法是（上底 + 下底）× 高 ÷ 2

（2）知道梯形面积的推导与三角形面积的推导非常相似，可以用 2 个完全一样的梯形，拼成一个平行四边形，平行四边形面积 = 底 × 高，底相当于梯形的上底 + 下底，高就是梯形的高，所以其中一个梯形的面积 = 新拼成的平行四边形的面积 ÷ 2。

（3）知道了新拼成的平行四边形与 2 个梯形的各种直接联系。

师：通过观看视频，同学们初步理解了梯形面积这么多的知识，今天我们就一起来学习梯形面积计算公式的探究。

（二）问题驱动，探究新知

下面我们一起来看看，同学们完成这些课前练习的情况。

出示导学单：

（1）用完全一样的两个梯形能拼成什么图形？把它画出来。

师：我们验证一下。是不是任意相同的两个梯形都能拼成一个平行四边形？（教师将两个梯形重叠在一起）我们发现两个完全重叠的梯形，都能拼成

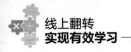
一个平行四边形。

（2）观察视频，认真思考并回答：拼成后的平行四边形与原来的梯形有什么关系？

师：这是同学们的答案，大家通过投票，一致认为这几个同学的回答是最好的！我们来看看。

出示学生的答案：拼成后的平行四边形的底等于原来的梯形的上底＋下底，平行四边形的高等于原来梯形的高，平行四边形的面积＝底×高，也就是梯形的上底＋下底，而一个梯形的面积等于平行四边形的面积的一半，所以梯形的面积＝（上底＋下底）×高÷2。

我们带着这些结果，再进一步观看视频。（边看边提问和解说，让学生进一步加深了解。）

（3）思考：除了双拼法可以推导梯形的面积公式，你还在网络上了解其他也可以推导出梯形面积的方法吗？

师生交流，教师出示视频。

最终确定梯形面积公式：梯形的面积＝（上底＋下底）×高÷2。

教学用字母表示平行四边形的面积公式。

板书：$S=(a+b)\times h\div2$

（三）练习巩固，效果反馈

1. 填空题

（1）一个梯形的上底是 5 厘米，下底是 7 厘米，高是 2.5 厘米，这个梯形的面积是（　　）。

（2）一个梯形的面积是 164 平方分米，上底与下底的和是 32 分米，则这个梯形的高是（　　）分米。

（3）一个梯形的上底与下底的和是 60 厘米，高是 3 厘米，它的面积是（　　）平方厘米。

2. 看图求下面图形的面积

3. 解决问题

（1）一块梯形的纸板，上底比下底少 3 厘米，这块纸板的面积是多少平方厘米？

（2）用篱笆和墙围成一块梯形菜地，已知篱笆总长 32 米，菜地的面积是多少平方米?

强调必须找出上底 + 下底的和。

(四) 拓展素养，迁移提升

师：这些题目对于已经掌握了梯形的面积计算方法的同学们来说太简单了，假如你是小老师，你会根据本节课的学习内容给大家带来哪些变式练习呢?

老师这儿给大家准备了不少拓展练习，你们能接受我带来的任务吗? 组长领回任务，完成题目，并想办法讲给同学们听。

（1）读题。

（2）组长负责提问。

要求什么? 先求什么? 怎么求?

（3）梳理思路，列出算式并计算结果。

师：今天，你学会了什么?

六、课后辅学任务设计

师：学习后看看自己的笔记，还有什么不懂的问题可以当面问老师或留言给老师，我们一起攻克难关。

七、教学设计及策略运用反思

本节课，我采用课前自学—合作探究—展示交流—总结定模—应用迁移，从而构建知识体系完成教学目标。梯形的面积计算的推导方法是对前面所学的几种图形面积计算公式推导方法的拓展和延伸。通过本课时的学习，能加深学生对图形特征以及各种图形之间的内在联系的认识，使学生领会转化的数学思想，为今后学好几何图形打下坚实的基础。由于学生已经经历了平行四边形和三角形的面积计算公式的推导过程，他们完全有能力利用从前所学的方法进行梯形的面积计算公式的推导；因此，我大胆地让学生自己完成这一探索过程。对于个别学困生，我则通过参与他们的讨论，引导他们自己去发现问题、解决问题。我提供给学生几种不同形状的梯形去探究，目的是让学生经历从特殊到一般的归纳过程。有了操作和讨论作铺垫，公式的推导也就水到渠成了。

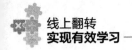

"植树问题" 翻转学习设计与策略运用反思

课题名称　数学广角——植树问题

教学内容　植树问题

总 课 时　3课时

翻转课时　第1课时

一、学习内容分析

"植树问题"是人教版义务教育课程标准实验教科书五年级数学上册第七单元"数学广角"中的内容。"数学广角"是人教版中的一个亮点，它系统而有步骤地向学生渗透数学思想方法，尝试把重要的数学思想方法通过学生可以理解的简单形式，采用生动有趣的事例呈现出来。这一单元内容就是植树问题，教材将植树问题分为几个层次，有两端栽、两端不栽、一端栽一端不栽以及环形情况、方阵问题等。本节课例1是两端都栽树的情况。本节课学习的重点是：发现棵数与间隔数的关系。学习的难点是：理解两端都栽的植树问题的一般解题规律并能运用其解决问题。

二、学习目标分析

（1）利用学生熟悉的生活素材，通过画线段图、填表格、讨论交流等活动，化繁为简，并说出两端都栽的情况下间隔数与棵数之间的关系。

（2）能发现并理解植树问题（两端要栽）的一般解题规律，并能利用规律解决相关的实际问题。

三、学习者特征分析

五年级的学生形象思维比较明显，数学抽象主要通过形象的实物或图示展示对所总结的规律及其本质特征的理解而实现。通过微课视频，让学生初步理解什么叫间隔数，棵数与间隔数有着怎样的关系；初步理解两端都栽的植树问题的一般解题规律并能运用其解决问题。

四、课前任务设计

观看微课，理解什么叫间隔数，棵数与间隔数有着怎样的关系，初步理解两端都栽的植树问题的一般解题规律并能运用其解决问题。

（1）观看微课视频。

（2）完成导学单。

五、课上任务及策略设计

（一）回顾导学，目标互知

教师：同学们都观看了关于"植树问题"一课的微视频，并完成了相应课前自学单。能谈一谈，你有哪些的收获吗？

（1）初步了解了什么叫做间隔，并举例子来说明。

（2）间隔数与棵数之间有着一定的关系。

（二）问题驱动，探究新知

问题1：通过刚才的交流，我发现大部分同学正确地了解了什么叫做间隔，并能联系我们的双手介绍间隔的意思。同学们，咱们手上五个手指之间到底有几个间隔呢？（4个）

我们一起来数一数。还真有4个间隔。

问题2：那四个手指之间有几个间隔？三个手指之间呢？两个手指之间呢？（生依次回答。）

问题3：你发现了什么？（生说）

师：的确，手指数和间隔数之间是有着一定的规律的，它们之间的这种规律最适合解决今天我们要研究的这类问题。这类问题的名字叫做"植树问题"。

板书：植树问题。

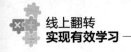

1. 核心任务 1：植树探究

说起植树问题，我们就先从植树谈起吧。请看：在全长 1000 米的小路一边植树，每隔 5 米栽一棵（两端都栽）。一共要栽多少棵树？

（1）从题中你能知道哪些信息？谁来说一说？

生说，师画。

师：它们都表示什么，大家知道吗？

生：一边表示只在小路的一侧种树。全长 1000 米表示第一棵树和最后一棵树之间的距离是 1000 米。每隔 5 米栽一棵表示棵与棵之间的距离是 5 米……

师小结：一边是小路的一侧，指左边或者右边，全长 1000 米是指小路的总长。每隔 5 米栽一棵是每两棵树之间的距离，简称间距。两端要栽指起点与终点处都要栽。

（2）算一算，一共要栽多少棵树？

反馈答案：

方法 1：1000÷5=200（棵）

方法 2：1000÷5=200　　　200+2=22（棵）

方法 3：1000÷5=200　　　200+1=21（棵）

疑问：现在出现了三种答案，到底哪种答案是正确的呢？下面我们一起来验证一下，你想用什么方法验证？（生：画线段图的方法）

2. 核心任务 2：探索规律

（1）化繁为简探规律是个好办法！我们可以选择画线段图来验证。每隔 5 米栽一棵就画一段，再过 5 米再画一段，这样我们需要画多少段呢？好画吗？为什么呀？（数据太大了）。

那怎么办呢？

（选择简单的数据进行研究，得出规律再解决这道题）

是呀，在遇到比较复杂的问题时，我们可以先用比较简单的例子来研究。你准备选用哪个数来研究？

（生说）

师：下面请大家自己选择简单的数据在练习本上试着进行验证，并把你试的结果汇报给组长，让其填在表格中，之后观察表格中的数据，你发现了什么？把你的发现在小组内说一说。

数据汇总

总长（米）	间距（米）	线段图例	间隔数	裸数（棵）
	5			
	5			
	5			

（小组上台展示，小组长边展示边说：我们组选了以下数据……得出的结论是……）

师：不知道大家注意到没有，大家画的线段图有两种：一种是示意图，比较形象；一种是线段图，抽象地把小树用短线段表示了。大家今后画图时，想采用哪种线段图呀？

（生：第二种）师：是呀，这种线段图画起来更方便快捷。今后我们就选用这样的线段图来画吧！看完了线段图，我们看每个小组的验证数据。从每一组得到的数据中，我们可以发现两端都栽的植树问题是有规律的，这个规律就是什么呢？谁能说一说？

（生说：间隔数 +1= 棵数）

师：利用这个发现，在条件不变的情况下，不画图，你能猜出 30 米长的小路一侧栽树，需要栽多少棵吗？（7 棵）说说你是怎么想的？

（30 米里有 6 个 5 米，就是有 6 个间隔，间隔数 +1= 棵数，6+1=7）

师：这个间隔数你是怎么得到的？这是一个规律还是一个巧合呢？

师：我们再来猜 35 米能栽几棵树？说说猜的过程。7 表示什么？你是怎样得到 7 这个数的？ 小结：由刚才我们的验证过程，我们不难发现两端都栽的植树问题的一般规律：（板书 + 课件）"路长 ÷ 间距 = 间隔数""间隔数 +1= 棵数""棵数 –1= 间隔数"。

（2）照应例题用规律。

师：同学们真不错，现在我们用刚得到的规律验证一下刚才同学们解决例题一的几种猜测，哪种正确呢？把掌声送给他们！余下的猜测就没有可取之处了吗？（生说）他们积极思考发言，让我们把掌声也送给他们！

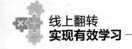

（三）练习巩固，效果反馈

1. 基础练习，再用规律

师：同学们真会动脑筋！通过简单的例子，发现了规律，应用这个规律解决了复杂的问题。

以后遇到"两端要种，求棵数"的植树问题，知道该怎么做了吗？请试一试。

基本练习：在一条全长 180 米的小路一侧栽树，每隔 6 米栽一棵（两端都栽），要栽多少棵树？如果是小路的两旁都栽呢？

读题，怎样解决第一问？（生说，课件展示）第二问和第一问一样吗？哪里不同？（第一问是一侧栽，第二问是两侧栽，相同的是都是两端栽）

会做吗？（生说，课件展示）

2. 生活问题，巧用规律

在一条长 2000 米的街道两旁安装路灯（两端也要安装），每隔 50 米安一盏。一共要安装多少盏路灯？正确的列式是（　　　）

① $2000 \div 50 + 1$　　　　② $（2000 \div 50 + 1）\times 2$

③ $（2000 \div 50 - 1）\times 2$　　　　④ $2000 \div 50 - 1$

读题，选择，说理由。

（四）迁移提升，拓展素养

师：这节课你有什么收获？

是啊，这节课我们通过自己验证发现了两端都栽的植树问题中的规律，并利用这个规律解决了生活中的植树问题。其实，植树问题还有很多种情况，如一端栽一端不栽、两端都不栽等，只要我们今后每节课都积极动脑，这些知识是难不倒我们的。

六、课后辅学任务设计

师：学习后看看自己的笔记，还有什么不懂的问题可以当面问老师或留言给老师，我们一起攻克难关。

七、教学设计反思

数学是枯燥的，学生的学习是深度过程性学习，如果信息只是形式上地输入，学习是无效。因此，本课的教学设计围绕着数学思想方法的深度学习，以学生的活动为探究的起点，充分发挥学生的学习自主能动性，做到学习活动由学生设计、学习过程由学生自己主持、学习结果由学生参与评判。充分理解和发现间隔数与栽的棵数之间的数量关系。翻转了课堂的主体与主导的学习主人翁地位，较好地把学生放在学习的中心位置，激发了学生学习的积极性和热情，真正地实现深度学习。

参考文献

［1］中华人民共和国教育部.《义务教育数学课程标准（2022年版）》解读
　　［M］.北京：北京师范大学出版社，2022.

［2］教育部基础教育出版社课程教材专家工作委员会.《义务教育数学课程标
　　准（2022年版）》解读［M］.北京：北京师范大学出版社，2022.

［3］闫寒冰.学习过程设计：信息技术与课程整合的视角［M］.北京：教育科
　　学出版社，2005.

［4］刘加霞.小学数学课堂的有效教学［M］.北京：北京师范大学出版社，
　　2008.

［5］范文贵.小学数学教学论［M］.上海：华东师范大学出版社，2016.

［6］皮亚杰.发生认识论原理［M］.王宪钿，译.北京：商务印书馆，2016.